대림절의 길은 기다림의 길이다. 티시 해리슨 워런은 대림절의 오랜 기도와 훈련을 안내하는 이 책에서, 이전에도 계셨고 지금도 계시고 장차 오실 분을 우리가 왜 그리고 어떻게 기다려야 하는지 알려 준다. 오소서, 주 예수님!

조엘 스캔드렛 | 트리니티 사역신학교 역사신학 부교수

이 책에는 티시 해리슨 워런만이 가진 고유한 온기와 통찰과 지성이 담겨 있다. '성탄절을 다시 기묘하게' 보게 하려는 그의 노력은 처음 부터 끝까지 성공적인 결과를 거두었다. 우리는 그가 쓴 책이라면 반드시 읽어야 하고, 이 책 역시 마찬가지다.

앤드리아 팰런트 딜리 | 「크리스채너티 투데이」 디지털 콘텐츠 편집장

모차르트의 음악이나 셰익스피어의 희곡처럼, 대림 절기는 신학, 상상력, 정서, 윤리, 전례 등 다양한 차원에서 충만하다. 티시 해리슨 워런은 이 아름답고 간결한 책을 통해 대림절의 다면적 부요함으로 독자들을 초대하고, 나아가 삼위일체 하나님의 충만한 부요함을 발견하게 한다. 톨레 레게(*Tolle lege*), 친구여. 이 책을 집어서 읽으라. 그리고 그리스도께서 이전에 있었고 지금도 있으며 장차 올 생명으로 당신을 가장 충만하게 채우시게 하라.

데이비드 테일러 | 풀러 신학교 신학과 문화 부교수,
『마음을 열고, 두려움 없이』 저자

나도 그렇지만, 미국의 많은 그리스도인이 전례력을 실천하는 전통에서 자라지 않았다. 대림이라는 절기를 적실하고 쉽게 설명해 주는 티시 해리슨 워런의 책은 그런 우리에게 주어진 복된 선물이다. 무엇보다, 교회의 위대한 전통에 뿌리내린 기독교적 영성 형성을 안내하는 소중한 책이다!

커틀리 나이트 | 조지폭스 대학교의 포틀랜드 신학교 영성 형성 조교수

깊은 제자도를 격려하는 탁월한 저작이다. 티시 해리슨 워런은 소망을 가지고 기다리는 것이 예수 그리스도를 따르는 일의 핵심임을 기억하도록 초대한다. 이 세상은 종종 어둠이 빛보다 강하게 느껴지지만, 워런은 수 세기 동안 이어져 온 대림절이 참 소망이신 그리스도의 빛에 참여하면서 어둠을 정직하게 직시하는 시간이 되었음을 상기시킨다. 이 책은 조급함이라는 특징을 가진 이 시대 문화 속에서 대림절을 인내와 소망을 훈련하는 시간으로 삼도록 격려한다. 대림절을 오랫동안 지켜 온 그리스도인이든, 처음 해 보려는 사람이든, 이 책은 대림절을 은혜의 수단으로 받아들이도록 초대할 것이다.

크리스틴 디드 존슨 | 웨스턴 신학교 교육사역과 리더십 G. W. 및
에드나 하위스 석좌교수, *The Justice Calling* 저자

대림절, 소망하며 기다리다

IVP(InterVarsity Press)는
캠퍼스와 세상 속의 하나님 나라 운동을 지향하는
IVF(InterVarsity Christian Fellowship)의 출판부로
생각하는 그리스도인을 위한 문서 운동을 실천합니다.

Originally published in English under the title:
Advent (Fullness of Time Series) by Tish Harrison Warren

대림절, 소망하며 기다리다

티시 해리슨 워런 × 정효진 옮김

Ivp

소망과 기쁨으로 기다리는 법을
우리에게 가르쳐 준 우디 자일스에게.
사랑하는 친구여, 우리 함께 기다립시다.

✕

"요즘 같은 때에,
 낙심한 우리는 바라보아야 한다,
 손에 잡힐 듯 분명하고 감당하기 힘든 영광을.
 그것이 우리를 혹독한 가능성들로부터 구해 내고
 결코 사라지지 않는 진정한 축제와
 스러지지 않는 사랑 속으로
 우리 영혼을 데려다줄 것이다."

그러나 우리에게는
소망의 기초가 되는 약속이 있으니,
바로 그분의 사랑이다.
그러므로 당연히 우리의 삶은
기대하며 기다리는 삶이지만,
미소를 머금고 인내하는 기다림이다.
그렇게 한다면, 그분이 오실 때
놀라워하며 기쁨과 감사로 충만해질 것이다.

— 헨리 나우웬, 『제네시 일기』

차례

시리즈 서문

×

　　　　　최근 여러 전통에 속한 그리스
도인들이 교회력의 가치를 새롭게 발견하고 있다. 설교와
가르침을 통해 절기를 기념하는 교회들이 점차 늘어나는
것을 보면 이 사실이 분명히 드러난다. 사람들은 가족과 소
그룹 안에서 다시금 기독교 신앙의 오래된 훈련을 할 수 있
는 방법을 알고 싶어 한다. 아주 바람직한 현상이다. 이러
한 갱신을 돕기 위해, 우리는 교회력에 쉽게 다가갈 수 있
는 안내서가 필요하다고 생각했다. 단순한 묵상집을 넘어
서면서도 학술서보다는 덜 부담스러운 책이 필요했다.

'교회의 시간'(The Fullness of Time) 프로젝트의 목표가 바로 이것이다. 대림절, 성탄절, 주현절, 사순절, 부활절, 오순절 등 교회력의 각 절기와 주요 사건들에 대한 짧은 책들을 시리즈로 묶었다. 이 책들은 각 절기를 특징짓는 분위기, 주제, 의식, 기도, 성경 본문 등을 깊이 있게 다루고 있다.

엄밀하게 말하면 이 시리즈 책들은 묵상집이 아니다. 이 책들이 제시하는 신학적이고 영적인 성찰의 목표는 독자들이 절기 훈련을 충분히 실천함으로 영성을 형성하도록 돕는 것이다. 교회가 어떻게 교회력을 통해 우리를 그리스도 닮은 모습으로 형성하는지 이해하기를 바란다.

이 책들은 오랫동안 절기를 실천해 온 사람의 관점에서 쓰였고, 각 절기의 다양한 측면에 의미를 부여하는 개인적인 이야기와 경험이 담겨 있다. 그러므로 각종 세부 사항을 다루는 역사학자의 논평 같은 것은 기대하지 않는 편이 좋을 것이다. 이 책에서 만나게 될 사람들은 교회력이라는 도구로 복음을 설교하고 그리스도인들에게 제자도와 영성 형성을 안내하는 동료 신자이자 복음주의자이기 때문이다. 이 책들이 예수님과의 더 깊은 동행을 추구하는 개인과 가족과 교회에 유익한 도움이 되기를 기도한다.

시리즈 편집자 이서 매컬리

1

바라다
그리스도의 세 도래

✕

한 해가 서서히 저물면서 날이 점점 짧아지고 어둑해질 때, 북적대는 상점들마다 성탄절 노래가 울려 퍼지고 아이들이 산타 할아버지에게 받고 싶은 선물 목록을 쓰기 시작할 즈음, 교회의 한 해는 시작된다. 성탄절 4주 전 일요일에 대림절이 시작되고, 대림절 첫날은 곧 기독교의 새해 첫날이다. 이날 전례력이 시작되어, 이어지는 주마다 예수님의 삶, 곧 태어나시고 죽으시고 부활하시고 승천하시고 성령을 보내시는 이야기들이 서서히 펼쳐질 것이다.

교회력은 기다림으로 시작한다. 우리는 열광적인 활동이나 활기, 성탄절의 흥겨움이나 부활절의 승리, 교회의 사역이나 대위임령으로 한 해를 시작하지 않는다. 우리의 시작은 열망하는 자리다. 우리는 왕이 오시기를 기다린다.

대림절을 뜻하는 영어 단어 'advent'는 '도래'라는 의미의 라틴어 '아드벤투스'(*adventus*)에서 왔다. 대림이라는 절기는 그리스도의 오심을 준비하며 고대하는 기간이다.

물론 그리스도인들은 그리스도가 이미 오셨음을 믿는다. 예수님과 함께 이미 하나님 나라가 왔다. 그분은 이미 손을 뻗어 사람들을 치유하고 축복하셨다. 이미 십자가에서 온몸이 찢기고, 사망을 이기셨다. 이미 그분의 성령을 부어 주셨다. 그렇다면 왜 우리는 매해 새롭게 기다림의 절기를 지켜야 할까? 우리는 무엇을 기다리는 것일까?

사실 우리 그리스도인들이 믿는 그리스도의 오심의 의미는 하나가 아닌 셋이다. 첫째는 그리스도가 성육신하여 오신 것[신학자들은 때로 이것을 '구속의 도래'(*adventus redemptionis*)라고 부른다]이고, 둘째는 성경이 말하는 '마지막 때'에 그리스도가 오시는 것['영광 중의 도래'(*adventus glorificamus*)]이다. 세 번째는 현 순간에 성령의 사역과 말씀과 성례를 통해 오시는 것['거룩함의 도래'(*adventus sanctificationis*)]이다.∎ 대림절은 그리스도의 이 세 '오심'을 경축하며 통합한다.

대림절은 과거와 현재와 미래가 동시에 존재하는 지극히 역설적인 절기다. 오래되었지만 긴박하다.

무엇보다, 대림절의 기다림 속으로 들어가는 우리는 혼자가 아니다. 이곳에서 우리는 온 시대와 온 세계의 모든 신자들과 함께하기 때문이다. 매주 함께 예배하면서 우리의 목소리는 성공회 예식문에서 말하듯이 "천사들과 대천사들과 하늘에 있는 모든 무리"**2**의 목소리와 합쳐진다. 그러므로 대림절을 비롯한 교회력 전체는 시간을 통해 영원으로 나아가는 하나의 방식이다. 이는 날과 주로 표시되는 하나의 절기지만, 우리는 이 절기를 통해 이 땅에 사셨던 하나님과 그분이 하신 일에 대한 영원한 이야기 안으로 들어간다.

성육신하신 그리스도의 오심

대림절에 우리는 메시아의 오심을 신실하게 기다렸던 구약의 형제자매들과 의도적으로 함께한다. 우리는 그들의 시각으로 보고 그들이 취했던 태도를 취하고자 한다. 물론 우리는 그리스도 이전(BC)이 아닌 그리스도 이후(AD)의 시간을 살고 있다. 하지만 "대림절 자체는 언제나 BC에 속한다!"고 맬컴 가이트(Malcolm Guite)는 말한다. "대림절의 진정한 목적은, 그 순간에 온전히 의식적으로 그리스도 이전으로 돌아가는 것이다."[3]

우리는 그리스도가 이미 오셨음을 알지만, 대림 절기는 시간에 묶인 우리를 바깥으로 불러내어 성경의 전체 드라마를 기억하고 직접 상연하도록 한다. 전례력을 따라가면서 우리는 복음 이야기를 단순히 되풀이하여 말하는 것이 아니라 그 안으로 들어간다. 그런 점에서 교회력은 일종의 몰입형 연극(immersive theater)과 같다.[4]

몰입형 연극에서는 어떤 관객도 연극을 그저 보기만 하는 관람자일 수 없다. 배우와 관객의 구분은 사라지고 모든 사람이 이야기의 등장인물이 된다. 마찬가지로, 대림절에 우리는 오실 메시아를 기다리는 이스라엘 백성 가운데로 들어가 그들과 함께 기다린다. 오실 왕에 대한 그들의 열망과 기대를 재연한다. 물론 지금 우리는 성탄절 이야기(예수님의 첫 번째 오심 이야기)를 알고 있다. 그럼에도 상상력을 가지고, 해가 바뀌고 세대가 바뀌는 가운데 이스라엘 백성이 경험했을 혼란, 갈망, 좌절, 꿈의 실현이 지연되고 있다는 느낌 안으로 들어간다. 그렇게 베들레헴의 어두운 거리 위에서, 영원한 빛이 떠오르는 광경을 목도하고자 눈을 부릅뜨면서 성탄의 기쁨을 준비한다.

누가복음에서 예수님은 사두개인들과 다소 기묘한 대

화를 나누시면서, 모세가 주님을 "아브라함의 하나님이요 이삭의 하나님이요 야곱의 하나님"이라 칭했다는 사실을 지적하신다. 이어서 이렇게 말씀하신다. "하나님은 죽은 자의 하나님이 아니요 살아 있는 자의 하나님이시라. 하나님에게는 모든 사람이 살았느니라"(눅 20:37-38). 그분께서는 "모든 사람이 살았[기]" 때문에, 우리가 예배하는 하나님은 여전히 아브라함의 하나님, 여전히 이삭의 하나님, 여전히 야곱의 하나님이시다. 따라서 우리가 비록 예수님이 탄생하신 지 2천 년이 지난 후에 살고 있다 하더라도, 단순히 상상 속에서만이 아니라 모든 시대 성도의 교제라는 신비로운 실재를 통해 이 구약 성도들의 아픔에 동참하는 것은 적절할 뿐 아니라 심지어 매우 중요한 일이다. 우리는 대림 절기에 참여함으로써 아브라함, 이삭, 야곱, 라합, 모세, 미리암, 이사야, 룻이 품었던 공동의 열망에 참여한다. 그렇게 그들의 짐과 이야기를 나누어 갖는다.

대림 절기가 형태를 갖추던 중세에 그리스도인들은 메시아에 대한 구약의 묘사를 참조하여 일곱 가지 공동 기도 양식을 발전시켰다. 시 형식으로 쓰인 이 기도들은 예수님의 이름을 직접 부르는 대신 은유로 그리스도가 어떤 분이신지 보여 준다. 이 기도들은 성경에 나타난 다른 이름들로 예수님을 부른다. "오, 지혜시여!" "오, 아도나이!" "오,

이새의 뿌리시여!" "오, 다윗의 열쇠시여!" "오, 빛이시여!" "오, 열방의 왕이시여!" "오, 임마누엘!"

이 기도들을 '오 안티폰'(O Antiphons)이라고 하는데, 교회에서 이 기도를 가지고 노래하는 방식이 한쪽이 부르고 다른 쪽이 응답하면서 번갈아 부르는(antiphonal) 교창 방식이기 때문이다. 지금도 성탄 전야에 이르는 7일 동안 매일이 노래를 부르는 교회가 있지만, 많은 교회들이 이 오래된 실천을 잊어버렸다. 그럼에도 이 전통의 흔적은 남아서, 마지막 '오 안티폰'에서 온 "곧 오소서 임마누엘"(O Come, O Come, Emmanuel)이 대림절 찬송으로 널리 사랑받고 있다.

이 시적인 기도들은 갈망과 소망으로 가득 차 있다. 이 기도들은 우리에게 구조자와 대속물이 필요함을 고백한다. 예수님이라는 이름을 들어 본 적 없다 할지라도, 그분이 와서 주고자 하셨던 모든 것이 우리에게 여전히 필요함을 상기시킨다. 우리는 "지극히 높으신 분의 입에서 나온 지혜"가 필요하다. 우리는 "오셔서 팔을 펴시어 우리를 구속하실" 아도나이(주님)가 필요하다. 우리를 자라게 할 이새의 뿌리가 필요하다. 우리를 결박한 사슬을 풀어 줄 다윗의 열쇠가 필요하다. 떠오르는 빛, "영원한 빛의 광채, 정의의 태양"이 필요하다. 열방의 왕, 가장 깊은 곳에서 "모든 이가 갈망하는 이"가 필요하다. 우리와 함께하시는 하나님, 임마누

엘이 필요하다.[5]

　'오 안티폰'은 그리스도의 첫 번째 오심을 대수롭지 않게 여기거나 과거에만 중요했던 사건으로 치부할 수 없음을 기억하게 해 준다. 그리스도 이전부터 있었던 창조 세계의 신음, 역사적 비극과 고통, 인류가 겪은 혼란과 무지는 그리스도 이후 시대를 살고 있는 우리도 여전히 겪고 있다. 구약 시대와 마찬가지로 오늘날에도 예수님 이야기를 들어 본 적 없는 수십억 명의 사람들이 있다. 복음을 듣고 믿게 된 우리도 두려움과 불신앙, 죄와 슬픔으로 자주 괴로움에 빠진다. 그래서 우리는 그리스도를 기다렸던 이들을 단순히 떠올리기만 하는 것이 아니라, 해마다 그들과 함께 인류의 열망과 열방의 소원에 응답하시는 분을 이야기한다.

　대림절을 향한 갈망은 성경 첫 페이지부터 시작된다. 우리는 창세기를 읽으면서 아담과 하와의 반역으로 죄가 세상에 들어오는 장면을 공포스럽게 마주한다. 인류의 강줄기에 독이 뿌려지고, 땅에서 죽음이 고개를 쳐든다. 그 파괴적인 결과가 모든 곳에 스며든다. 타락으로 인해 우리의 몸과 내면의 삶, 사람들과 맺는 관계, 자연과 문화와 사회 체제 전반이 손상되었다. 우리의 욕구도 질서와 조화를 잃어, 사람들 및 하나님과 맺는 관계도 어긋나고 말았다.

　그러다가 창세기 3:15에서 처음으로 소망의 속삭임이

들려온다.

> 내가 너로
>   여자와 원수가 되게 하고
>   네 후손도 여자의 후손과 원수가 되게 하리니,
> 여자의 후손은 네 머리를 상하게 할 것이요
>   너는 그의 발꿈치를 상하게 할 것이니라.

신학자들은 이를, 이후에 올 복음의 전조가 되는 원시복음(*protevangelion*), 최초의 복음이라고 부른다. 이는 모든 것이 산산조각 나서 회복이 불가능해 보일지라도 하나님이 우리를 버리지 않으셨음을 말해 주는 최초의 암시다. 도움의 손길이 다가오고 있다. 아브라함이 약속을 받으면서, 이집트에서 노예로 살고 또 출애굽을 경험하면서, 숱한 예언과 시편을 통해, 성전을 짓고 또 그것이 허물어지는 가운데, 유배되고 다시 돌아오면서, 모든 세대의 이스라엘 백성이 하나님의 기름부음 받은 자를 기다렸다.

결코 끝나지 않을 나라의 왕으로 오실 분에 대한 약속이 하나님의 백성에게 서서히(고통스러울 만큼 서서히) 주어졌다. 이스라엘 백성은 이 약속이 단순히 그들뿐만 아니라 모든 나라와 민족과 종족 집단을 포함한다는 사실을 서서히 깨달았다. 무슨 일이 일어날지, 결말이 무엇인지, 바로 앞에 무엇이 놓여 있는지 전혀 알지 못한 채 그들은 기다리고 소망했다.

대림절은 성육신을 축하하기 위해 준비하는 기간이며, 결코 가벼운 일이 아니다. 우리가 흔히 성탄절을 축하하는 방식은 쉽게 감상적이고 진부해진다. 우리는 그 이야기(어린양과 목자들, 성탄절에 나타난 별, 선물이 담길 양말)에 너무 익숙한 나머지, 예수님이 태어나셨던 세상이 얼마나 고통스럽고 혼란스럽고 위험했는지를 놓치고 만다.**6** 그 세상과 현재 우리가 살고 있는 세상 속의 어둠을 먼저 인식하지 못한다면, 흥겨운 분위기를 강요하며 "어느 때보다 행-행-행복한 시절"(hap-hap-happiest season of all)*이 되어야 한다고 고집스럽게 주장하는 성탄절은 감상적인 현실 도피가 되고 말 것이다.

우리가 대림절을 지키는 한 가지 이유는, 성탄절을 다시 기묘한 사건으로 만들고 성육신의 충격에 또다시 놀라기 위해서다. 영화 〈텔라데가 나이트〉(Talladega Nights)의

---

* 앤디 윌리엄스(Andy Williams)의 유명한 크리스마스 노래 "It's the Most Wonderful Time of the Year"에 나오는 가사—옮긴이.

유명한 장면에서 윌 페럴(Will Ferrell)이 연기한 주인공은 "3.8킬로그램으로 태어난 신생아 예수"를 향해 기도한다. 이것이 그가 "가장 좋아하는 예수"다. 이런 우스꽝스럽고 유치한 감상주의는, 우리가 세상의 타락과 이스라엘을 통한 하나님의 구속 이야기로부터 단절된 성탄절 이야기에 생각 없이 과도하게 친숙해져 버렸기 때문이다.

우리는 크리스마스 캐럴과 종과 귀엽고 사랑스러운 "3.8킬로그램으로 태어난 신생아 예수"에게로 너무 급히 달려간다. 그리고 오래도록 기다려 온 메시아(지혜, 아도나이, 뿌리, 열쇠, 빛, 왕, 임마누엘이신 분)는 우리의 시야에서 사라진다.

우리는 구속사의 더 큰 이야기 안으로 들어감으로써 우리에게 구원자가 필요함을 다시금 느낀다. 가짜 눈과 성탄 장식을 치우고, 판자 위의 목자와 친근한 동물 인형을 떼어 내고, 우주의 아픔과 온 창조 세계의 슬픔과 분투에 마음을 기울인다.

우리는 성금요일의 참혹함을 건너뛰고 부활절의 복음으로 곧장 달려가고자 하는 유혹에 쉽게 빠져든다. 마찬가지로, 억압받는 이스라엘 백성의 혼란과 고통, 평화가 없는 세상에서 하나님의 샬롬을 바라는 갈망의 깊이를 보려 하지 않은 채 성육신의 소망으로 급히 달려가곤 한다. 하지만 십자가의 공포를 무시할 때 불가피하게 부활의 의미가 축소되듯이, 이스라엘의 속박과 그들의 열망을 간과한다면 베들레헴의 거룩한 밤의 영광도 사라질 것이다.

교회력에서는 모든 축하 시기 이전에 준비 시기가 먼저 온다. 대림절의 경우, 우리는 12일간의 성탄 절기*에 우리에게 주어질 복음을 기다리며 마음과 정신과 몸을 준비한다.

나는 자라면서 대림절을 지킨 적이 없다(사실 대림절이 무엇인지도 몰랐다). 여느 미국인들처럼 우리 가족도 추수감사절 다음 날부터 성탄을 축하하는 기간으로 들어갔다.** 그러다 20대 후반에 성공회 교회에 출석하게 되면서 나는 대림절에 매료되기 시작했다. 이 절기는 조용한 아름다움과 구슬픈 찬송가를 통해 직관적이고 정서적으로 와닿았다. 우리는 그리스도의 탄생을 축하하기 전에 해산의 고통을 기억한다. 즉, 구속의 탄생을 기다리며 신음하면서, 갈망하는 온 세상과 온 창조 세계와 함께 기다린다. 우리는 새벽을 축하하기 전에 어둠을 마주한다.

---

* 전례력에서 정한 절기로, 12월 25일부터 1월 5일(주현절 전날)까지 12일 동안 이어진다―옮긴이.

** 추수감사절 다음 날부터 성탄 시기를 즐기는 것은 특히 미국에서 고착된 문화적·상업적 관습이다―옮긴이.

성탄절을 준비하려면 구입할 물품 목록과 장식만이 아니라, 슬퍼할 수 있는 공간을 마련해야 한다. 그렇게 우리는 이스라엘의 비탄에 동참한다. 그리고 기다린다. "그 포로 생활 고달파 메시아 기다립니다"라는 찬송가의 가사처럼(참조. 새찬송가 104장 "곧 오소서 임마누엘" 1절―편집자).

그리스도의 현재적 오심

요한복음 14장에서 예수님은 제자들에게, 자신이 곧 떠나가겠지만 그들을 고아처럼 버려두지 않겠다고 말씀하신다. 그분은 자신이 말한 모든 진리를 증언할 '변호자' 혹은 '위로자'이신 성령을 보내실 것이다.

이 약속은 오순절에 성취된다. 하나님의 백성은 새로운 전 세계적 가족 안으로 입양된 형제자매들로 이루어진 교회가 된다. 오늘날 교회에 속한 우리는, 오순절에 제자들과 지켜보던 세상 사람들을 깜짝 놀라게 하신 동일한 성령 안에서 계속해서 살아가고 있다. 신학자 마이클 호튼(Michael Horton)은 "제자-베드로와 사도-베드로 사이의 '거리'는 베드로와 우리 사이의 거리보다 훨씬 멀다"고 말한다. "결국 사도-베드로는 우리와 마찬가지로 '마지막 날' 쪽에 속해 있기 때문이다." 호튼은 이제 어린아이들이 "지상에서 사역하실 때 함께했던 어떤 형제들보다 예수님의 구원자 직무를" 더 잘 인식할 수 있다고 말한다. "왜냐하면 우리는 사도 베드로와 함께 오순절을 기점으로 이쪽 편에 살고 있기 때문이다. 이곳에서는 예수님이 개시하신 시대가 효력을 발휘하여 그분을 인식하지 못하게 하는 세력과 나라들을 억누른다."[7]

오순절 역시 독자적인 전례 절기가 있지만, 대림절에 우리는 오순절이 나타내는 소망을 떠올린다. 왜냐하면 우리는 단순히 성육신을 기다릴 뿐 아니라, 매일의 삶에 오시는 그리스도를 기다리기 때문이다. 예수님은 성육신을 통해 우리에게 오셨다. 하지만 그분의 사역은 우리 안에서, 우리를 통해서, 우리 주변의 모든 곳에서 계속되고 있다.

우리는 대림절을 보내면서, 이스라엘 백성이 갈망했던 예수님이 오늘날 우리를 어떻게 만나러 오시는지에 대해 생각할 시간을 갖는다. 우리는 우리 삶 속에 그리스도가 오시기를 열망하는 자리, 소망과 격려와 도움과 구원이 필요한 자리를 바라본다.

또한 대림절에 우리는 그리스도가 세상 속에서 어떻게 사역을 지속하고 계시는지를 인식한다. 세상이 너무나 시끄럽다고 느껴질 때(정치적 갈등, 전쟁, 세계에 만연한 고통 등이 뉴스를 뒤덮을 때), 내 안에는 대림절을 향한 목마름이 생겨난다. 코로나19 팬데믹이 시작된 2020년에 나는 대림절을 너무나 간절히 기다렸다. 내게는 그 시기가 필요했다. 우리가 교회로서 세상 속의 고통과 죄를 슬퍼하고, 그리스도가 즉시 오시기를 기다리는 시간이 필요했다.

대림절은 은혜를 가만히 기다리는 훈련을 하는 절기다. 그리스도가 어떻게 계속해서 오시고, 어떻게 인류와 우리 삶의 가장 어두운 부분으로 들어가시는지를 보기 위해 특별한 주의를 기울이는 시간이다. 우리를 만나러 오시도록, 리치 멀린스(Rich Mullins)의 표현대로 "우리를 뒤흔들어 앞으로 나아가게 하시고 우리를 뒤흔들어 자유롭게 하시도록"[8] 그리스도를 초대하는 시간이다.

대림절은 그리스도가 성경과 세례와 주의 만찬(혹은 성찬)과 같은 은혜의 수단들을 통해 실제적이고 구체적으로 우리에게 오시는 분임을 기억하는 때이기도 하다. 은혜의 **수단**이라는 말은, 은혜가 막연하게 흘러 다니는 어떤 힘이 아니며, 땅과 인간 역사와는 동떨어진 따뜻하고 영적인 느낌은 더더욱 아님을 말해 준다. 은혜란 하나님이 일하고 계신다는 현실 그 자체다. 그분의 일은 현실적인 것들을 통해 이루어진다. 이 은혜의 수단들은 우리가 지금 그리스도를 알 수 있는 믿을 만한 방편이다. 이들은 든든한 바위이고, 그리스도의 길을 따라가는 매주마다 붙잡을 수 있는 훌륭한 손잡이가 된다.

그리스도는 성육신하여 우리에게 오셨고, 성령을 통해 계속 오고 계신다. 우리는 세례를 받으면서 그분과 함께 묻히고 그분과 함께 살아나며(롬 6:3-4을 보라), 중생의 물로 씻긴다(딛 3:5을 보라). 우리는 하늘에서 오는 떡을 받고(요 6:32을 보라), 성찬을 통해 그분의 몸과 피를 받는다(고전 10:16을 보라). 우리는 교회에서 그분의 말씀(word)을 읽고 설교를 통해 들음으로써 그 말씀(the Word)을 받는다.

우리는 한 해를 기다림만이 아니라, 하나님이 은혜로 주시는 회개와 치유와 회복의 선물을 받기 위한 준비로 시작할 필요가 있다. 우리는 흠 많고 불완전한 삶을 붙잡아 주시는 관대한 하나님께로 나아간다. 우리를 구조하고 회복하기 위해 바로 오늘 일상의 삶 안으로 들어오시는 하나님이 우리는 필요하다.

그리스도의 최종적 오심

"그리스도는 죽으셨고, 그리스도는 부활하셨고, 그리스도는 다시 오실 것입니다."[9]

우리는 매주 교회에서 성체를 받기 전에 ('기념 환호'라고 불리는) 이 신비한 문장을 선포한다. N. T. 라이트(Wright)

는 이 문장이 기독교 신앙을 이루는 긴 내러티브를 간단히 진술해 준다는 점에서 '휴대용 이야기'(portable story)라고 불렀다.[10]

"그리스도는 다시 오실 것입니다." 이 말은 우리가 대림절에 예수님의 오심을 기다리는 세 번째 방식을 떠올리게 한다.

매주 드리는 예배는 매우 익숙하고 단정하기 때문에 우리가 선포하는 내용의 생경함을 잊기가 쉽다. 하지만 이것은 이해와 상상력을 완전히 초월하는 내용이다. 밧모섬의 요한에 따르면, 우리가 기다리는 예수님은 "백마"를 타고 돌아오실 것이다. 그분의 이름은 "충신과 진실"이며, 하늘에 있는 군대가 그를 따를 것이다. "그의 입에서 예리한 검이 나오니" 그 검으로 열방을 심판할 것이고, 그분의 옷에는 "만왕의 왕이요 만주의 주"라는 글이 새겨져 있을 것이다(계 19:11-16).

플레밍 러틀리지(Fleming Rutledge)는 『대림절』(Advent: The Once and Future Coming of Jesus Christ)이라는 책에서, 그리스도의 '영광 중의 도래'(adventus glorificamus)가 대림절의 핵심이자 가장 중요한 초점이라고 말한다. 모든 시대의 교회들도 대림절을 지키면서 여기에 주된 초점을 두었다. 이 절기 동안 우리는 모든 시대 및 전 세계 교회와 함께, 예수님이 오셔서 마침내 모든 것을 바로잡아 주시기를 기다린다.

처음 대림절을 실천할 때, 나는 전적으로 성탄절 준비에 초점을 두었다. 그러다가 대림절이 흰 눈 사이로 썰매를 타고 달리는 것이 아닌 광대한 우주적 전쟁과 관련이 있고, 따라서 불편하고도 불가피하게 묵시록적인 성격을 띤다는 놀라운 사실을 깨닫게 되었다. 12월 말에 이렇게 다가올 세상에 몰두한다는 것은, 찬물을 끼얹는 정도는 아니라도 꽤 특이한 일이라 할 수 있다.

하지만 대림절의 전체 분위기를 결정하는 것은 예수님의 최종적 오심이다. 성공회에서 드리는 대림절 예배에는 예수님 탄생을 주제로 하는 성경 낭독과 기도가 적다(오직 넷째 주에만 수태고지와 마리아 찬가에 시선이 집중된다). 교회 공동체에서의 실제 대림절 경험과 특히 매주 듣는 성경 낭독을 통해 내가 거듭 깨닫게 되는 것은, 이 절기가 집중하는 주된 내용이 현시대의 끝과 새 시대의 시작이라는 점이다. 대림절은 "새 하늘과 새 땅"의 탄생에 관한 절기다(사 65:17-25; 벧후 3:13; 계 21:1). 러틀리지는 "대림절은…역사 그 너머를 내다본다는 점에서 다른 절기들과 차이가 있다"고 말한다. "그리스도의 삶을 따라가는 절기와 축일의 순환 속에서 최종 완성에 이르는 때는 대림절이다. 이것은 마지막에 올 것에 관한 절기다."[11]

예수님은 오실 것이다. 그때는 연약한 아기가 아니라 강력한 승리의 왕, 자비롭고 정의로운 재판관으로 오셔서 죄와 죽음을 정복하고 새로운 세계를 여실 것이다. 죽음은 무력해지고, 모든 눈물이 씻겨 나갈 것이다. 하나님은 창세기 앞부분에서 파괴를 불러온 나무 대신, 그 잎사귀들이 "만국을 치료하[는]" 생명나무를 주실 것이다(계 22:2). 인류는 회복된 에덴동산에서 다시 하나님과 함께 거할 것이다.

이것은 아주 좋은 소식이다. 사람들이 어떻게 생각하느냐와 상관없이 말이다. 그리스도인들이 생각하는 그리스도의 재림은 때로 진부하거나 공포스럽거나 둘 중 하나인 것 같다. '휴거'와 '묵시'를 다루는 많은 대중매체(책, 영화, 전도지 등)를 보면, 종말 혹은 마지막 때에 관한 가르침이 다음과 같이 공포를 조장하는 전략으로 사용된다. '예수님께 당신의 삶을 드리라. 그러지 않으면 닥쳐올 재난을 면할 수 없을 것이다.' 그리스도의 재림을 생각할 때마다 내 마음속에는 팀 라헤이(Tim Lahaye)의 "레프트 비하인드"(Left Behind) 시리즈나 핼 린지(Hal Lindsey)의 『위대한 지구의 마지막 때』(The Late Great Planet Earth), "휴거가 일어난다면 이 차에는 아무도 남아 있지 않을 것입니다"라고 쓰인 자동차 범퍼 스티커 같은 것들이 떠오른다. 내 남편은 조지아주의 한 교회에서 어린 시절을 보냈는데, 그곳에는 휴거를 대비한 금고

(농담이 아니다)가 있었다고 한다. 금고에는 휴거가 일어난 후 남겨진 상황에 필요한 행동 요령을 알려 주는 비디오 테이프가 텔레비전과 비디오 플레이어와 함께 보관되어 있었다. 묵시록적 상황에 처한 누군가가 우연히 그 금고를 발견하기를 바랐던 것 같다.

휴거 대비용 금고가 있는 교회는 지난 역사를 살아온 대부분의 그리스도인들에게는 이해하기 어려운 이야기일 것이다. 사실 휴거라는 개념이 대중적으로 인식되기 시작한 것은 19세기 무렵이다.[12] 그러나 남편은 청소년기까지는 이것이 성경에 대한 교회의 일반적 가르침이 아니라는 사실을 몰랐고, 부분적으로는 이 이유 때문에 대학 진학을 위해 집을 떠나면서 교회도 잠시 떠나게 되었다.

이런 기괴한 가르침은 결코 좋은 소식이 아니다. 재림에 관한 나쁜 신학은 우리의 신학적 상상력에도 나쁜 영향을 끼쳤다. 이는 그리스도의 재림을 조악한 팬 픽션, 묵시록적 공포물, 허황된 도피주의 같은 것으로 만들어 버렸다. 이런 새로운 가르침으로 인해, 많은 그리스도인들이 역사적으로 그리스도인의 소망의 원천이었던 교리를 두고 불안을 느끼게 되었다. 우리가 대림절의 이러한 '오심' 안으로 신실하고 온전하게 들어가려면 잊어버려야 할 것들이 있다.

우리 그리스도인들은 니케아 신경의 고백대로 그리스도가 "산 자와 죽은 자를 심판하러 영광 중에 다시 오실 것이고, 그의 나라는 끝이 없을 것"임을 믿는다. 이것이 바로 인간 영혼의 깊은 갈망에 대한 하나님의 최종적인 응답이다. 우리의 소망은 진리와 아름다움과 선함이 영원히 지속되고, 악과 슬픔과 죽음에 끝이 오는 것이다. 그리고 우리에게 주어진 약속은 우리와 온 우주가 불행한 운명에 처해 버려지지 않고, 온전해지고 새로워지리라는 것이다.

궁극적으로 대림절은 소망의 절기다. 그래서 영광 중에 오시는 그리스도께 주로 관심을 기울이는 것이다. 그분은 우리가 가장 진실하게 소망하는 대상이다. 물론 우리는 예수님의 성육신을 축하하고, 매일의 삶 가운데 우리에게 오시는 그분으로 인해 위안을 얻는다. 하지만 우리의 모든 갈망이 궁극적으로 충족되는 것은, 그리스도가 다시 오셔서 치유와 평화와 기쁨을 주시고 우리가 그분을 따라 상상할 수 없는 방식으로 온전해질 때다. 그리스도의 재림은 암을 없앤다. 백인 우월주의와 인종차별주의를 철저히 해체한다. 강자들이 아무런 처벌도 받지 않은 채 가장 연약하고 취약한 이들을 희생시키는 상황에 정의를 가져온다. 죽은 산호초들을 되살린다. 전 세계적인 팬데믹을 끝장낸다. 감옥에 갇힌 자들의 억울함을 신원한다. 어린아이들의 울음을 영원한 웃음으로 바꾼다. 그것은 죽음의 죽음이다.

이 소망은 우리가 현재와 맺는 관계를 전적으로 변화시킨다. 이는 오늘의 삶이 아무런 중요성을 갖지 않는다는 뜻이 아니다. 우리가 맺는 관계들, 변화되어 가는 모습, 우리가 드리는 예배는 영원하며, 그러한 것들이 우리 삶에 현재형으로 깊이와 의미를 부여한다. 하지만 대림절은 예수님의 최종적 오심을 기다리는 것이 모든 그리스도인의 근본 자세임을(그리고 언제나 그래 왔음을) 상기시켜 준다. 기술이 고도로 발전하고 우리 삶이 아무리 풍요로워져도 끝이 오기 전까지는 우리가 가장 갈망하는 것을 얻지 못할 것임을 기독교 신앙은 말해 준다.

예수님의 부활에서 우리는 온 세상이 새로워지리라는 것을 보여 주는 첫 번째 증거를 확인한다. 지금 우리는 십자가에서 완성된 사역 이후와 보좌에서 완성될 사역 이전의 시간을 살고 있다. 아직 만물은 새로워지지 않았다. 이 '중간 시간'은 수많은 아픔과 고통이 존재하는 시간이다. 이 세상은 어둠의 공간이다. 우리는 빛을 찾고 정의를 추구하고 변화를 부르짖을 수 있고, 그래야만 한다. 이것이 교회에 주어진 소명의 한 부분이기 때문이다. 하지만 우리가 이루는 어떤 선이든 어떤 정의든 언제나 부분적이고 잠정적이라는 사실 또한 인정해야 한다. 스티브 가버(Steve

Garber)의 표현대로, 그것은 언제나 '근접한 정의'(proximate justice)[13]다. 궁극적으로, 이 지친 세상은 그 세상이 오기를 기다리고 있다. 그러므로 우리가 대림절에 고대하는 좋은 소식은, 가톨릭 사제 찰스 리프(Charles Riepe)가 말했듯 "부활절에 하신 사역을 완성하는 예수님의 영광스러운 오심"이다. "세상 끝 날 주님이 최종적으로 오시기 전까지 교회가 이러한 전례 절기 전체를 따로 마련해 둘 정도로"[14] 우리 믿음의 이러한 측면은 너무도 중요하다.

우리는 매해 교회력을 시작할 때마다 시간 너머를 내다본다. 우리는 새해를 맞이하며 이렇게 묻는다. '그리스도가 오시는 해가 이때입니까?'

그리스도의 세 도래를 살아가기

대림절은 시간을 포갠다. 과거와 현재와 미래가, 우리와 함께하는 하나님이신 임마누엘을 기다리는 하나의 절기 안으로 모여든다.

신약성경이 기록되던 당시의 헬라어로 시간을 지칭하는 방식에는 두 가지가 있다. 하나는 '크로노스'(chronos)다. 이것은 우리가 경험하는 바대로 순간들이 순차적으로 이어지는 시간의 연속을 말한다. 크로노스는 측정할 수 있고

주와 날, 시간과 초로 기록할 수 있다. 다른 하나는 '카이로스'(kairos)다. 이것은 '무르익은 때', 영원의 시간이다. 카이로스는 인간 역사와 우리 삶 속에 이루어진 분수령(시간 바깥에 있다는 느낌이 드는 순간)을 표시하는 시간이다.

대림절은 크로노스 안에 있지만, 다른 전례 절기들과 마찬가지로 카이로스 안으로 진입한다. 교회력 전체, 특히 세 가지 오심을 고대하는 대림절은 카이로스와 크로노스가 함께 엮여 있다. 이 절기에는 과거, 현재, 미래가 동등하게 우리 앞에 현존한다. 우리는 이스라엘과 함께 과거에서 기다리고, 현재에 그리스도를 기다리며, 미래에 최종적으로 오실 그분을 기다린다. 카이로스를 통해, 대림절은 다른 종류의 백성이 되어 크로노스 안으로 들어가는 법을 우리에게 가르쳐 준다.

그리스도의 세 가지 오심을 기다리는 해마다의 실천은, 내가 주님을 기다리는 법을 자주 망각하고 있음을 깨닫게 한다. 어느새 나는 내가 삶을 만들어 가는 주인이라고 믿기 시작한다. 기쁨이란 기발한 재주와 고된 노력으로 스스로 만드는 것이라고 믿기 시작한다. 인생을 스스로 통제하는 터무니없는 과업을 수행하기만 한다면 가장 원하는 것이 내 손에 잡힐 거라고 믿기 시작한다. 내가 내 구원을 손보는 기술자라고 믿기 시작한다. 대림절은 해마다 이런 열병과도 같은 기만에 사로잡힌 나에게 찾아와, 멈추라고 조용히 요청한다. 그리고 우리 노력으로, 혹은 우리 시간표대로 이 세상에 하나님 나라를 이룰 수는 없음을 기억하도록 요청한다. 우리는 우리 바깥에, 그리고 시간 바깥에 계시는 분을 기다린다. 오실 우리의 왕을 기다린다.

갈망하다
대림절의 네 주제

×

　　　　　　　　대림절의 기원은 다소 불분명
하다. 오늘날 '성탄절'이라고 부르는 성육신 축일에 대한
기록은 2세기경의 오랜 문헌들에서도 찾아볼 수 있다. 하
지만 이 축일이 여러 다른 시공간에서 자연스럽게 생겨났
기 때문에 고정된 기념일은 존재하지 않았다. 12월 25일이
라는 날짜는 336년 『크로노그래프』(*Chronograph*)라는 연감
에서 처음 발견되는데, 그것이 일반적 상식처럼 언급되는
것을 보면 이전에도 사람들이 이날을 보편적으로 지키고
있었을 가능성이 높다.■

성탄절을 언급하는 이 초기 문헌들에서는 성탄절 전에 대림절 같은 금식과 준비의 기간이 있었다는 증거를 찾아볼 수 없다. 교회가 가장 처음 기념한 중요한 축일은 부활절이었고, 그날을 준비하기 위해 사순절을 지키는 관행이 늦어도 2세기부터는 존재했다.**2** 이렇게 사순절과 부활절이 이어지는 형태를 따라, 4세기에는 성탄절 전에 대림절을 지키는 관행이 널리 퍼지기 시작했다.**3** 이렇게 해서 '금식이 축제에 선행한다'는 하나의 양식이 확립되었다. 오늘날 우리가 알고 있는 대림절의 최종 형태는 훨씬 이후인 7세기에 등장했는데, 로마식 미사 집전에 필요한 세부 사항을 제공하는 『로마 예식서』(*Ordines Romani*)라는 전례서에서였다. 이 책은 대림 절기를 성탄절이 시작되기 전 네 번의 일요일로 정하고 성경 본문과 기도문과 찬송가를 지정함으로써 하나의 양식을 확립했다. 이것은 오늘날까지도 전례를 중시하는 교회들이 대림절을 지키는 일반적인 방식으로 남아 있다.**4**

대림절에 사용하는 성경 본문, 기도, 찬송가와는 달리, 대림절의 주제는 직접적으로 규정되거나 기록되어 있지 않다. 그 주제들은 이 절기의 신학과 예배와 목적과 역사로부터 비롯되기 때문이다. 그럼에도 매해 시간을 들여 대림절을 지키다 보면 그 음조와 정서적 특질을 감지할 수 있다. 대림절의 분위기, 강조점과 우선순위, 대림절이 우리의 시간과 신앙을 형성하는 방식, 우리 삶에 빛을 던지는 방식을 알아차릴 수 있다.

기다림과 소망

바비 그로스(Bobby Gross)는 『교회력 따라 살기』(Living the Christian Year)라는 책에서 "대림절은 기다림을 위한 절기"라고 말한다. "우리는 하나님의 오심을 기다린다. 우리는 그분이 오셔야만 한다. 우리가 사는 세상은 엉망이고, 우리 역시 그렇다. 우리는 우리의 상태로 인해 애통하며, 하나님이 오셔서 모든 것을 바로잡고 우리를 더 나은 존재로 만들어 주시기를 갈망한다. 그래서 우리는 기도하고 주시한다." **5**

그런데 이것은 어떤 방식의 기다림일까?

우리 가족이 가장 즐겨 보는 영화 중 하나인 〈주토피아〉(Zootopia)에는 직원이 오직 나무늘보들뿐인 차량관리국 장면이 등장한다. 당연히, 이들은 고통스러울 만큼 천천히 움직인다. 이 영화를 처음 보러 갔을 때, 극장 안의 모든 성인들이 이 장면에서 낄낄거리며 웃었던 기억이 난다. 우리는 모두 절차가 까다로운 공공기관에서 오랫동안 기다려야 하는 좌절감을 잘 알고 있었던 것이다.

때로 우리 삶이 나무늘보가 일하는 차량관리국 대기실에 앉아 있는 것과 같다는 느낌이 든다. 기다림은 메마르고, 황량하고, 침울하고, 무의미하게 느껴진다. 우리가 기다리는 것이 이런 고생과 지루함을 감내해야 할 만큼 가치있어 보이지 않는다. 이런 생각이 점점 자라나기 시작한다. '만약 나를 기다리게 하고 있는 책임자들이 무능력한 존재라면? 아니면, 더 최악의 경우, 그들이 이 과정을 최대한 고통스럽게 만들면서 심술궂게 기쁨을 만끽하고 있다면? 만약 이 기다림 이후에도 더 많은 기다림만 있을 뿐이라면? 혹시 나는 결코 오지 않을 무언가를 기다리고 있는 것은 아닐까?'

제자도의 핵심은 소망을 가지고 기다리는 법을 배우는 것이다. 바울에 따르면, 교회는 믿음과 소망과 사랑을 가진 백성이 되어야 한다(고전 13:13을 보라). 그는 이 셋 중 가장 위대한 것이 사랑이라고 말한다. 그 이유는 무엇일까? 우리는 마침내 믿었던 것을 눈으로 볼 것이다. 소망했던 대상을 결국 만나게 될 것이다. 영원 속에서 이런 덕목들은 더 이상 필요하지 않을 것이다. 이것들은 마치 임부복 같아서, 영원이 우리 안에서 태어난(혹은 우리가 영원 안으로 태어난) 이후에는 필요 없어진다. 지속되는 것은 오직 사랑이다. 그러므로 믿음과 소망은 **기다림의 덕목**이라 할 수 있으며, 바로 그 이유 때문에 지금 여기서 이 덕목들이 절실히 필요하다. 교회력의 실천은, 삶의 고통과 역사의 비극 한가운데서 믿음과 소망과 사랑을 가지고 기다림을 훈련하는 일이다.

우리는 히브리서 11장에서 "믿음으로" 행했던 성인(聖人)들의 이름을 나열한 호칭기도(litany)를 발견하게 된다. "믿음으로"라는 말이 끊임없이 반복되는 이 장을 읽어 나가면서, 우리는 믿음이 어떤 것인지를 언뜻 깨달을 수 있다. 믿음이란 우리가 가진 소망에 삶을 걸고, 충분히 신뢰하며 그 소망을 따라 사는 것이다.

믿음과 소망은 함께 일종의 즐거운 기대감을 형성한다. 이는 차량관리국에서의 지루한 기다림이 아니다. 그것은 성탄절 아침을 기다리는 아이의 기대감, 아기가 태어나기를 기다리는 어머니의 기대감, 다가올 휴가를 기다리는 지친 노동자의 기대감이다. 결국 인내는 금욕도 체념도 아닌, 다가올 더 좋은 것을 고대하고 기다리는 능력이다.

대림절의 특징은 강렬한 기대감이다. 전례와 의식을 통해 이것을 느낄 수 있다. 우리는 매주 초에 불을 붙이다가, 마침내(!) 성탄절이 되면 그리스도의 초를 밝힌다. 그리고 임마누엘의 오심을 축하한다.

성탄절을 기대하는 이런 과정은 단순히 어떤 재미나 축제나 선물을 기다리며 남은 날수를 세는 것이 아니다(물론 그런 측면도 있지만 말이다). 오히려 그것은 그리스도인의 삶 전체를 특징짓는 경향이다.

대림절은 믿음과 소망으로 형성되는 기다림을 실천하는 방식이다. 이는 자신의 계획이나 목표, 성공, 성취가 아닌, 하나님이 창조 세계와 모든 인류를 위해 정해 두신 운명을 전면에 두고 한 해를 시작하는 방식이다. 우리는 우리가 피조물에 불과함을 상기하고, 전 역사와 시간의 주인공이신 삼위일체 하나님께 자신을 맡기며 한 해를 시작한다. 그분은 창조 세계의 중심, 영원의 받침점이다. 대림절의 공동체적 기다림을 통해, 우리는 우리 삶이 온 우주의 구속과 대속에 관한 하나님의 더 큰 이야기 속에서 의미를 찾는다는 사실을 천천히 배워 간다.

대림절은 소망하는 절기다. 하지만 여기서 소망을 어떤 특권이나 활력과 혼동해서는 안 된다. 그리고 이 세상이 극심하게 망가져 있음을 부정하는 태도 역시 경계해야한다. 이 세상과 우리 삶이 고통과 죄로 가득하다는 사실을 인정하지 않고 진정한 소망을 품기는 불가능하다. 우리의 소망은 가난하고 궁핍한 자에게 위로가 주어지는 것이다. 그런 소망은 우리의 노력이나 재산, 성공으로 만들어 낼 수 있는 진부한 행복과 다르다.

소망은 단순한 낙관주의도 아니다. 레슬리 뉴비긴

(Lesslie Newbigin)의 유명한 말이 있다. "나는 낙관주의자도 비관주의자도 아니다. 예수 그리스도가 죽은 자들 가운데서 살아나셨다."[6] 그리스도인의 소망은 '어둠 속에서 휘파람 불기'처럼 엄연한 현실을 축소하는 방편이 아니다. 그것은 역사의 **궁극적** 결과에 대한 확신이다. 우리가 그 결과에 대해 불안해하지 않는 이유는 예수 그리스도가 죄와 죽음을 정복하셨기 때문이다.

제2차 세계대전 중에 다하우의 강제수용소에 끌려간 세르비아 주교 니콜라이 벨리미로비치(Nikolai Velimirovic)는 그곳에서 역사상 가장 아름다운 기도시들을 썼다. 이후 『호숫가에서의 기도』(*Prayers by the Lake*)라는 제목으로 출간된 그 시들 중 하나에 이런 표현이 있다. "하늘을 향해 불평하지 말라. 하늘이 당신의 모든 소망을 이루어 주지는 않기 때문이다. 오히려 소망하는 법을 모르는 당신을 두고 불평하라. 하늘은 숱한 소망들이 아니라 소망 그 자체를 이루어 준다. 가장 숭고하고 변함없는 소망을 하늘은 언제나 성취한다."[7] 여기서 니콜라이는 우리가 품은 소망들의 **보잘것없음**을, 오직 예수님 안에만 있는 '가장 숭고하고 변함없는 소망'을 우리의 '소망들'과 혼동하는 미숙한 태도를 지적한다. 우리는 대림절 안으로 신실하게 들어감으로써, 우리의 작은 소망들과 거짓된 소망들을 끊어 내고 세상의 진정한 소망에 신뢰를 두는 법을 배운다.

어둠과 빛

"그 빛이 어둠 속에서 비치니, 어둠이 그 빛을 이기지 못하였다"(요 1:5, 새번역).

요한복음의 특징은 어둠과 빛의 대조에 있다. 어둠은 깨어짐, 죄, 기만, 그리고 그와 연관된 죄책과 수치심과 은폐의 영역이다. 빛은 어둠을 추방하고, 비밀리에 일어난 일들을 폭로한다. 빛은 **드러낸다**. 이것은 두려움과 동시에 위안을 준다. 성경에서 가장 유명한 구절인 요한복음 3:16의 문맥을 살펴보면 이 사실은 더욱 분명해진다. 17절은 예수님이 세상을 심판하기 위해서가 아니라 구원하기 위해 오셨다고 말한다. 하지만 "그 정죄는 이것이니 곧 빛이 세상에 왔으되 사람들이 자기 행위가 악하므로 빛보다 어둠을 더 사랑한 것이니라. 악을 행하는 자마다 빛을 미워하여 빛으로 오지 아니하나니 이는 그 행위가 드러날까 함이요"(요 3:19-20).

북반구에 사는 사람들에게 대림절은 문자 그대로 어둠의 시간이다. 매일 밤 어둠이 조금씩 더 길어진다. 사람들에게는 잠식하는 어둠에 대한 지극히 인간적인 선천적

두려움과, 빛이 돌아오기를 갈망하는 마음이 있다.🔳 이 때문에 어둠과 빛과 동지(冬至)에 초점을 맞추는 수많은 이교 축제들이 생겨났을 것이다. 그리고 교회는 거의 보편적인 언어라 할 수 있는 이 어둠과 빛이라는 표현을 가지고 예수님의 오심을 말한다. 우리는 깊은 어둠 속에서 세상의 빛이 오기를 기다린다.

성탄절에 우리는 빛이 어둠 속으로 들어왔음을 축하한다. 하지만 그 전에, 대림절은 우리에게 멈추어서 철저히 정직하게 어둠을 바라볼 것을 명한다. 세상과 우리 삶 속의 어떤 영역이 어둠에 빠져 있는지 규명하고, 어두운 모퉁이마다 그리스도의 빛을 초대하도록 요구한다. 대림절 실천은 우주의 아픔을 받아들이는 일이다. 모든 것이 바로잡히기를 바라는 깊은 무언의 갈망을 느끼는 일이다. 우리는 죄와 갈등과 폭력과 억압으로 뒤덮인 세상에 거주하고 있다. 그리스도인은 죽음과 부활, 어둠과 빛으로 이루어진 삶 전체에 대해 솔직해야 한다.

대림절에 우리는 시간을 들여 숨겨진 것들을 검토한다. 이 절기는 어둠 속에서 행한 일들을 자백하라고 요구한다. 우리 삶과 세상 속에서 일어난 (인신매매, 포르노 중독, 노동력 착취, 은밀한 험담, 신체적 학대, 자각하지 못한 알코올 중독, 권력의 부패, 소리 없는 절망 등) 너무나 많은 파괴적인 일들이 비밀과 수

치심으로 가려져 있다. 세상의 빛이신 그분은 모든 숨겨진 것들을 드러내라고 자비롭게 명령하신다. 데이비드 포스터 월리스(David Foster Wallace)는 이렇게 썼다. "진리가 당신을 자유롭게 할 것이다. 물론 당신이 진리를 끝장내기 전까지 말이다."[9] 대림절은 스스로에 대한 진실을 감추고 있는 한 세상의 빛을 맞이할 수 없을 것이라고 이야기한다. 어둠 속에 숨어 있으면서 세상의 빛을 따라갈 수는 없다.

대림절은 성탄절의 기쁨을 맞기 전에, 취약해져야 하는 자리로 나아가도록 우리를 초대한다. 불의한 체제와 부패한 문화, 슬픔, 세상과 우리 삶 속의 죄 등에 정직하게 이름을 붙이고, 개인적이고 공동체적으로 고백하는 자리로 말이다. 오직 그런 취약한 자리에 거할 때, 우리는 비로소 참된 소망을 공언하는 법을 배울 수 있을 것이다. 그것은 거짓과 반쪽짜리 진실과 부정으로 자아낸 값싼 소망이 아닌, 어둠이 이기지 못하는 바로 그 빛이 주는 소망이다.

회개와 쉼

5세기의 주교 토리노의 막시무스(Maximus of Turin)가 했던 두 차례의 대림절 설교가 잘 보존되어 전해지고 있다. 그는 그 설교에서 대림절을 황제 혹은 왕의 탄생을 준비하는 시간으로 묘사한다.

사랑하는 왕의 탄생을 준비하는 시간은 기대감과 흥분으로 가득하다. 모든 사람이 청소를 하고, 박박 문질러 닦고, 장식하고, 음식을 준비하고, 곧 있을 잔치에 대해 이야기꽃을 피운다. 이러한 흥분 속에서도 모든 사람이 열심을 다하며 철저하게 준비하려고 애쓴다. 왕 앞에 선다는 것이 얼마나 진지하고 무거운 일인지를 본능적으로 알고 있기 때문이다. 이것은 정말 큰 사건이다. 대림절에 우리는 우리의 왕이 오실 것임을 기억한다. 이것은 기쁜 일이다. 하지만 막시무스는 왕이 우리에게 책임을 묻고 우리의 삶을 철저히 검토할 것임을 회중에게 상기시킨다. **10** 역사적으로 대림 절기는 참회의 절기, '작은 사순절', 회개와 겸손과 갱신을 추구하는 시간이었다.

내가 처음으로 출석한 성공회 교회의 토머스 신부님이 대림절(과 사순절)에 가장 자주 쓰이는 전례색인 보라색이 회개와 왕권을 의미한다고 설명해 주었을 때 나는 물었다. "왜 두 의미를 모두 갖나요? 둘은 너무 다른 개념 아닌가요?"

그는 왕권과 회개를 잇는 보라색 고리가 다음과 같은 메시지를 전달한다고 말했다. "왕이 오실 것이다! 준비하라!"

예수님의 왕 되심을 상기할 때, 자신을 위한 왕국을 세우려는 추구와 불충한 신민으로 살아가고 있는 우리의 모습이 극명히 드러난다. 우리는 분주하게 가짜 왕들을 만들어 내는 세상에 살고 있다. 우리 역시 가짜 왕들을 만들어 내느라 여념이 없다. 우리는 자기만의 길을 고수하며 자기 숭배를 하기 원한다. 하지만 진정한 왕이 오실 것이다. 숨을 크게 들이마시라. 준비하라.

그래서 우리는 성탄절을 축하하는 자리로 급히 뛰어들기 전에 회개의 선물을 받는 자리로 초대된다.

나는 대림절의 이 복잡한 정서적 음조를 잘 요약해 주는 것이 동방정교회의 '빛나는 슬픔'이라는 개념이라고 생각한다. 이 개념은 시나이의 성 요한(Saint John of Sinai)이 말한 "거룩한 통회로 인한 기쁨 어린 슬픔"[11]이 가진 이율배반을 나타낸다. 그것은 소망으로 흠뻑 젖은 마음의 고통이 만들어 내는 긴장을 드러낸다.

대림절에 낭독하는 성경 본문은, 그리스도의 완벽한 정결함과 그분이 정화하고 심판하고 구원하러 오신 이 세상의 깨어짐 사이의 대조를 강조한다.

우리는 이런 빛나는 슬픔의 절기를 보내면서 우리가 얼마나 죄에 사로잡혀 있는지, 그리고 오시는 왕께 무릎 꿇기를 거부하는 우리 삶과 공동체의 자리가 얼마나 죄와 얽혀 있는지를 알아차린다.

한 해가 또 지나갔지만 여전히 우리는 회복이 필요한 세상에 살고 있다. 여전히 우리는 슬프다. 여전히 여성들과 아이들이 놓인 환경은 안전하지 않다. 여전히 강자가 약자를 착취한다. 여전히 창조 세계가 신음하고 있다. 여전히 인류는 본래의 의도된 상태에 미치지 못한다.

우리 각 개인들 역시 그런 의도된 상태에 미치지 못한다. 우리 역시 회복이 필요하다. 우리는 저마다 우상을 섬기고, 중독에 빠져 있고, 저마다의 옹졸함과 자만과 기만에 사로잡혀 있다. 우리는 서로 상처를 주고받는다. 어두운 기억과 아픈 상처를 지닌 채 살아간다.

하지만 우리의 죄가 실재한다 하더라도 가장 실제적인 것은 아니라는 소망으로부터 회개가 흘러나온다. 죄는 결코 최종 발언권을 갖지 못한다.

회개[성경의 '메타노이아'(*metanoia*)]는 문자 그대로 '마음의 변화' 혹은 '방향의 전환'이라는 의미다. 흥미롭게도 예언자 이사야는 회개와 쉼을 연결한다. "너희는 회개하고 마음을 편안하게 하여야 구원을 받을 것이며"(사 30:15, 새번역). 나는 이 연결이 좀 이상하게 느껴진다. 회개를 생각하면 엄격함과 훈련, 고된 노력, 의지력 같은 것이 떠오른다. 반면, 쉼은 느긋하게 휴식하고 긴장을 푸는 느낌을 준다. 어떻게 이 둘이 함께할 수 있을까?

가톨릭 사제 레미 호크만(Remi Hoeckman)은, 회개란 "모든 것을 밑바닥에서부터 다시 생각하는 것"[12]이라고 말했다. 이 정의는 회개와 쉼이 연관되는 방식을 암시한다. 회개로의 부르심은, 이미 꽉 차 있는 일정표에 더 많은 선한 일을 집어넣고, '더 잘하기' 위해 더 열심히 노력하며 바쁘게 움직이라는 말이 아니다. 그것은 뒤로 물러서서 주의를 기울이라는 부르심이다. 스스로 새로운 존재를 만드는 것이 아니라, 새로운 존재로 만들어지는 것이다. 밑바닥에서부터 새롭게 상상하는 일은 하나의 과정이다. 시간이 필요하고, 기적에 가까운 은혜가 필요하다.

죄(쉼을 약속하지만 결국 우리를 축소된 존재로 만들 뿐인 삶의 많은 것들)로부터 돌이키면서 우리는 참된 쉼을 배운다. 이것은 마침내 선물로서 우리에게 주어지는 쉼이다. 회개한다는 것은, 스스로를 구원하고자 하는 노력을 그치고 충분히 속력을 늦추어 하나님이 우리를 변화시키시도록 하는 것이다.

클리마쿠스의 요한(John Climacus) 수사는 이렇게 썼다. "회개는 소망의 소산이요, 절망에 대한 거부다."[13] 대림절은 소망의 절기이며, 회개는 그 소망의 옷을 입고 절망을 거부하는 적극적인 방식이다.

공허와 채움

창조 이야기에서, 하나님은 공허한 곳을 채우신다. 공허한 땅을 나무와 식물로 채우시고, 공허한 하늘을 태양과 달로 채우시고, 공허한 바다를 헤엄치는 생물들로 채우신다. 온 땅을 생명으로 채우신다.

새 창조가 시작되는 예수님의 탄생 이야기에서, 하나님은 다시 공허한 공간들을 채우신다. 마리아 찬가(Magnificat)는 하나님이 "주리는 자를 좋은 것으로 배불리셨으며 부자는 빈손으로 보내셨[다]"(눅 1:53)고 노래한다. 성탄절 이야기에서는 비어 있는 자궁이 채워진다. 공허했던 하늘이 갑자기 천사들로 가득 찬다. 빈 구유가 세상의 빛으로 채워진다.

성경이 우리의 주의를 끄는 방식 중 하나는 반복이다. 성경 저자들은 하나의 구절이나 주제를 반복하면서 이런 뜻을 전달하는 셈이다. '이봐요! 이걸 좀 보세요! 정말 중요합니다!' 성경 전체에서 가장 중요하게 반복되는 주제 중 하나는 창세기 1:28의 소위 창조 명령이다. "생육하고 번성하[라]." 성경을 보면, 하나님이 역사의 과정에 결정적으로 개입하시는 순간마다 이 구절 혹은 주제가 반복해서 등장한다. 최초에 주어진 이 명령은 이후 창세기 9장에서 노아와 그의 가족이 방주에서 나올 때 반복된다. 이후에 하나님은 이스라엘이 언약에 충실할 때 생육하고 번성하게 되리라고 말씀하신다(레 26:9; 신 7:13). 성경에서 불임이던 자궁이 열리는 일은, 하나님이 그의 백성을 구조하고 구속하기 위해 일하고 계심을 나타내는 표시가 된다.[14] 여기서 탄생과 새로운 생명의 축복은 문자적인 것이지만, 우리에게 은유적으로 주어지기도 한다. 즉, 생육한다는 말은 생물학적 자녀를 갖는다는 뜻을 넘어, 이를테면 하나님이 주시는 어떤 것들을 잉태한다는 뜻을 가질 수 있다. 의와 정의는 하나님의 임재로 가득 차 있는 사람이 낳은 자손이다.

이와 반대로 성경에서 불임은 타락 이후 인류에게 내려진 저주의 한 부분, 실망과 허무감으로 점철된 세상을 살며 겪는 고통의 한 부분으로 여겨진다. 죄로 인해 좌절한 인류의 슬픔은, 아이를 갖고자 하지만 잉태할 수 없는 여성의 슬픔과 같다.

물론 오늘날에도 많은 사람들이 불임으로 심적 고통을 겪고 있고, 미국 교회는 생물학적 가족을 과도하게 강조하면서 고통을 더 가중시켜 왔다. 우리는 불임을 겪는 이들에게 낙인을 찍어서는 안 된다. 하지만 성경에 나타나는 이 주제를 이해하기 위해서는, 성경 저자들에게 신체적 불임은 본래 의도된 대로 돌아가지 않는 상황을 상징했음을 이해해야 한다.

성탄절 이야기가 자궁이 열리는 이야기가 된 데는 그 만한 이유가 있다. 먼저는 엘리사벳의 이야기고, 다음으로 는 마리아의 이야기다.

나아가 예수님의 삶은 생육에 대한 새롭고 더 온전한 의미를 보여 준다. 예수님은 생육의 은유적 의미를 삶과 가 르침의 가장 핵심 주제로 삼으셨다. 그분이 설명하신 생육 은 출산이 아니라 "많은 자녀를 영광에 이끌어 들이[는]"(히 2:10, 새번역) 것이었다. 물론 예수님은 결혼과 창조 명령을 폄하하거나 정죄하지 않으신다(마 19장에서는 실질적으로 그것 을 긍정하신다). 하지만 하나님 나라가 그리스도의 인격 안에 서 세상으로 침투해 들어온 후 놀라운 반전이 일어나, 참된 생식력(참된 풍부함)은 영적인 의미를 띠게 되었다. 가장 중 요한 출생은 "위로부터"(요 3:31) 영적으로 태어나는 것이다. 예수님이 가져오신 가장 궁극적인 채움은 성령이 교회를 채우는 것이고, 이 교회는 세례로 태어난 새로운 가족을 형 성한다.[15]

우리가 소망하는 충만함은 영원의 이쪽 편에서는 경 험할 수 없다. 그리고 대림절의 주된 목적 중 하나는, 우리 내면에 풍부함에 대한 열망과 영원을 맛보는 감각을 발전 시키는 것이다.

성탄절을 준비하면서 우리는 삶이 공허에서 시작될 수는 없다는 사실을 상기한다. 그래서 삶이 알맞은 때에 알맞은 방식으로 채워지기를 기다린다.

아주 좋은 상황 속에서라도 내 삶에 존재하는 공허함(외로움, 무의미함, 무익함, 상실감)을 느끼면, 나는 그것을 채우기 위해 곧장 달려든다. 하루의 틈에 공허의 바람이 불어들면, 주의를 산만하게 하는 일들에 몰입한다. 나는 깨어 있는 순간들을 바쁜 일, 소셜 미디어, 수다, 일, 소비로 꽉꽉 채운다. 이것들은 모두 충만함을 스스로 만들어 내려는 값싼 시도다.

대림절은 세상과 우리 삶 속의 공허가 분주함이나 구매력, 소셜 미디어의 '좋아요', 명성, 정치, 심지어 종교적 열심으로도 채워질 수 없다는 사실을 상기시킨다. 우리는 마리아와 엘리사벳, 그리고 온 창조 세계와 함께 우리의 공허가 채워지기를 기다린다.

소리치다
대림절의 두 예언자

✕

       교회는 전례력을 실천함으로써 하나님의 이야기를 '실행'한다. 복음주의자 고(故) 로버트 웨버(Robert Webber)가 말했듯 그 이야기를 선포하고, 몸으로 살아 내고, 마음과 정신에 깊이 심으면서 말이다.█ 대림절이라는 명칭이 성경에 등장하지는 않지만, 이 절기의 핵심은 우리가 성경 안으로 들어가고 또 **성경**이 **우리** 안으로 들어오게 하는 데 있다. 이 오래된 말씀은 대림절이 가진 소망의 무게를 지탱하는 견고한 기둥이다.

       우리는 해마다 교회력을 통해 성경 이야기 속으로 걸

어 들어간다. 특히 대림절은 멈추어 서서 약속된 메시아의 경이로움을 깊이 생각하고, 구속에 대한 기나긴 이야기를 통해 빚어져 가도록 우리를 초대한다.

알래스데어 매킨타이어(Alasdair MacIntyre)는 『덕의 상실』(*After Virtue*, 문예출판사)이라는 책에서, "나는 무엇을 해야 하는가?"라는 질문에 답하기 위해서는 우선 "나는 어떤 이야기 혹은 이야기들의 일부인가?"**2**라는 질문에 답할 수 있어야 한다고 말했다. 대림절은 우리가 일부분으로 속해 있는 이야기를 새롭게 들려줌으로써 우리가 누구인지를 알게 해 준다. 우리가 갈망하는 백성, 눈물로 가득한 세상에 유배되어 있는 자들임을 상기시킨다. 하지만 우리는 버림받은 것이 아니라 구속을 기다리고 있다. 우리가 기다리는 온전함은 이미 이루어졌지만, 아직 이루어지지 않았다. 그것은 여전히 지평선 너머에, 손 닿을 수 없는 곳에 있지만, 매일 매 순간 우리를 향해 돌진해 오고 있다.

어떤 내러티브 속에 잠기면 단순한 인식으로는 알 수 없는 진실을 알게 된다. 이야기들이 뼛속으로 스며든다. 철학자 제임스 스미스(James K. A. Smith)는 이야기가 "우리의 피부를 파고들고 기억 속에 안착하여 의식의 배후에 침전한다"**3**고 말한다. 이것이 바로 교회력이 우리에게 주는 선물이다.

이야기가 '우리 안으로' 들어오게 하는 방식 중 하나는 공동 예배에서 성경을 낭독하는 것이다. 그렇게 우리는 매주 새롭게 창조, 이스라엘, 예수님, 교회에 관한 이야기를 듣는다. 우리는 매번 다른 시점에서 그 이야기들을 듣게 되는데, 그렇게 할 때 주의를 집중함으로써 하나님의 구속 사역이 지닌 온전한 신비에 우리의 상상력을 몰입시킬 수 있기 때문이다. 대림절에 읽는 성경 본문은 수 세기 동안 숱하게 바뀌어 왔지만, 주제는 대체로 동일하다.

스코틀랜드 신학자 T. F. 토런스(Torrance)는, 성경에 기록된 예수님의 전사(prehistory, 예언자들의 삶과 하나님이 선택하신 백성의 이야기)가 "성육신의 자궁"**4**이라고 말한다. 그렇다면 대림절이 이 자궁에서 시작된다는 말은 매우 적절한 표현이다. 그리고 수많은 사람들 중 특히 두 명의 남성이 수석 안내자로서(말하자면, 산파로서) 이 절기를 지나는 동안 우리를 인도할 것이다.

대림절의 지평에서 두드러지는 걸출한 두 인물은 바로 이사야와 세례자 요한이다.

이사야와 우주적 구원

이스라엘의 성경은 세 부분, 곧 토라('율법' 혹은 '가르침')와 지혜서와 예언서로 이루어지는데, 대림절에 우리가 특별히 집중하는 부분은 예언서다. 오실 메시아에 대한 직접적 예언을 담은 주된 문헌이기도 하지만, 히브리 성경이 전달하는 다음과 같은 간절한 외침이 여기서 더 강렬하게 울려 퍼지기 때문이다. '회개하고 오직 야웨께만 충실하라.' 혹은 '왕이 오실 것이다! 준비하라!'

대부분의 전례 전통에서 낭독되는 대림절 성경 본문들은 거듭해서 우리를 이사야라는 예언자에게로 데려간다. 신약 본문들 역시 마찬가지인데, 신약성경의 저자들은 시편을 제외하면 그 어떤 구약 본문보다 이사야서를 많이 인용한다. 성서학자 존 소여(John F. A. Sawyer)는 이렇게 말한다. "이사야서 66장 중 45장에 들어 있는 100절 정도의 내용이 주로 복음서(46절)와 바울 서신(30절), 요한계시록(30절)에 직접 인용되거나 명확하게 암시되어 있다."**5** 신약성경 전체로 볼 때 이사야서에 대한 언급은 400회 넘게 등장하며, 일반적인 300쪽 분량의 신약성경 번역본을 기준으로 할 때 1쪽당 1회 이상 언급되는 셈이다.**6**

신약성경은 철저하게 이사야의 비전으로 형성되었고, 그래서 초기 교회는 이사야서를 '제5복음서'라고 불렀다. 히에로니무스(Jerome)는 ('불가타'라고 불리는) 5세기의 라틴어 번역 성경 서문에서 이사야에 대해 이렇게 말했다. "[그는]

예언자라기보다는 복음 전도자라 불려야 한다. 그리스도와 교회에 관한 모든 신비를 너무도 분명하게 설명하는 그는, 앞으로 일어날 일을 예언했다기보다 이미 일어난 일에 관한 역사를 기술한 사람으로 볼 수 있다."[7]

그리스도인들은 이사야의 예언들이 메시아이신 예수님 안에서 절정에 이른다고 여긴다. 우리는 매해 대림절에 이사야의 약속들을 함께 읽으면서, 성경이 서로 모순되고 혼란스러운 본문들이 복잡하게 얽혀 있는 문서 더미가 아니라, 예수님의 인격 안에서 그리고 그 인격을 통해 일관성을 확보하는 (하나님이 주요 저자이신) 하나의 통합된 이야기임을 이해하게 된다.[8] 이사야의 예언들은 오실 왕을 하나님의 백성들과 함께 열망할 것을 요청한다. 이사야가 생각하거나 상상하거나 의도했던 바들은 하나님의 섭리적 인도를 통해 예수님과 관계 맺는다. 대림절에 낭독되는 이 말씀들은 구약성경 안에서, 구약성경을 통해 그리스도를 이야기한다.

또한 이사야서는 우리가 구원과 구출 사건을 대할 때 쉽게 알아차리지 못하는 특징에 주의를 기울이도록 훈련시켜 준다. 그리스도인들을 포함해 일반적인 미국인들은 단호한 개인주의를 지향하며, 구원 역시 순수하게 개인적인 사건으로 이해하는 경향이 있다. 우리는 개별적으로 '각자 구원받는다.' 이런 생각이 전적으로 틀린 것은 아니다. 하지만 그것은 너무 불완전해서 복음에 대한 이해를 왜곡하고 만다. 이때 이사야의 예언들은 우리를 구원에 대한 더 광범위한 비전으로, 모든 나라와 종족과 나아가 온 창조 세계를 포괄하는 비전으로 이끌어 준다.

『성공회 기도서』(Book of Common Prayer)에서 3년 주기로 지정되어 있는 열두 개의 대림절 구약 본문 중 일곱 개는 이사야의 예언에서 온 것이다. 이사야 2:1-5은 "여호와의 산"을 상상하는데, 이는 예루살렘과 시온산을 지칭하는 하나의 방식이다. 특별히 시온산은 다윗이 성을 쌓고 이후 성전이 지어졌던, 예루살렘 남동쪽에 위치한 높은 언덕이다. 이사야는 바로 이곳이 열방의 구속이 이루어질 장소라고 말하고 있다.

아주 오래전 이스라엘 백성이 요단강 너머 약속의 땅으로 건너가려고 준비할 때, 모세는 그들에게 하나님의 명령을 지켜 행할 것을 지시했다. 주변의 많은 민족이 그들의 지혜와 지식을 지켜볼 것이기 때문이었다. "그들이 이 모든 규례를 듣고 이르기를 '이 큰 나라 사람은 과연 지혜와 지식이 있는 백성이로다' 하리라. 우리 하나님 여호와께서 우리가 그에게 기도할 때마다 우리에게 가까이 하심과 같이 그 신이 가까이 함을 얻은 큰 나라가 어디 있느냐? 오늘 내

가 너희에게 선포하는 이 율법과 같이 그 규례와 법도가 공의로운 큰 나라가 어디 있느냐?"(신 4:6-8)

물론 우리는 이후의 이야기를 잘 알고 있다. 이스라엘은 하나님이 선택하신 백성이었음에도 그분의 명령에 불순종했다. 그들은 자신의 이야기를 잊어버렸다. 자신이 누구인지를 잊어버렸다. 그런데 이사야의 비전에서는 신명기에서 주어진 모세의 지시가 이행된다. 율법이 시온에서 나오는 불빛처럼 비치고, 여러 민족의 마음에 율법이 주어진다. 그리고 그들은 이렇게 이야기한다.

> 오라, 우리가 여호와의 산에 오르며
>   야곱의 하나님의 전에 이르자.
> 그가 그의 길을 우리에게 가르치실 것이라.
>   우리가 그 길로 행하리라. (사 2:3)

또한 그들은 "칼을 쳐서 보습을 만들고"(사 2:4) 그들에게 본래 의도되었던 평화를 끌어안는다.

이스라엘이라는 특정한 땅의 특정한 백성 안에 하나님의 구속이 뿌리를 내린다. 그 구속은 땅의 모든 나라를 포괄할 정도로 확장된다. 대림절에 읽는 이사야서 본문들은 열방이 이스라엘로 나아간다는 주제를 거듭 반복한다

(사 11:10-16; 35:8-10을 보라). **9** 또한 신약성경에서는 그리스도 안에서 열방이 이스라엘 하나님과 '가까워졌고' 그들이 이스라엘을 대체하거나 무시하는 것이 아니라 그 소망을 공유하면서 이스라엘에 '접붙여졌다'는 사상이 지속적으로 등장한다(롬 9-11장을 보라). **10** 예수님이 그리셨던 구원의 모습은, 모든 민족이 이스라엘의 하나님과 교제하고 그분의 지혜를 배우고 서로를 향해 겨누던 칼을 내려놓는 것이었다. 성경이 약속한 구원은 단순한 개인적 차원을 넘어 집단적인 회복과 구조가 일어나는 전 세계적이고 다민족적인 사건이다. 예수님의 탄생을 축하하기 위해 열방(동방박사들에 의해 대표되는)이 선물을 가져온 이야기에서도 이 약속의 성취를 확인할 수 있다(눅 2:1-19).

또한 이사야의 예언들은 생명력 있는 이미지로 가득하다. 그의 예언들은 사막에 식물이 무성하게 자라는 번성하는 지구의 모습을 그리고 있다(사 35:1-2). 성공회 성서학자 리처드 보컴(Richard Bauckham)은 이사야의 비전을 '에코토피아'라고 불렀다. 그곳은 인간과 동물이 조화롭게 거주하고 포식자와 피식자가 평화롭게 지내는 곳이다. **11**

> 그때에 이리가 어린양과 함께 살며
> 표범이 어린 염소와 함께 누우며,

> 송아지와 어린 사자와 살진 짐승이 함께 있어
>
> 어린아이에게 끌리며. (사 11:6)

이사야 65:17에서 하나님은 "새 하늘과 새 땅을 창조" 하겠다고 약속하신다. 여기서 구원의 또 다른 차원이 이사야의 예언을 통해 빛을 발한다. 바로 전 창조 세계의 치유다. 하나님과 각 개인의 관계가 회복되고 파괴적으로 갈라진 민족 집단들의 관계가 치유될 뿐 아니라, 훼손된 창조 세계가 회복된다.

교회사를 보면 그리스도인들은 구원에 대한 이 같은 광범위한 비전을 견지해 왔고, 이 비전이 사회와 환경 문제 해결에 참여하고자 하는 교회의 행동에 영향을 미쳤다.

존 웨슬리(John Wesley)는 한 설교에서 새 하늘과 새 땅에서 일어날 일에 대해 다음과 같이 말했다. "[인간뿐 아니라] 모든 동물도 그때는 틀림없이 회복될 것이다. 그들의 활기와 힘과 민첩함은 창조 때 부여받은 정도를 넘어 이제껏 누려 보지 못한 엄청난 수준으로 회복될 것이다. 이해력 또한 에덴동산에서 알았던 정도를 넘어, 마치 코끼리의 이해력이 벌레의 수준을 뛰어넘듯이 그보다 더욱 높은 차원으로 회복될 것이다."[12]

이사야 예언의 성취는 메시아가 오셔서 행하고 이루

고자 하셨던 그 모든 것을 바라보는 우리의 비전을 확장한다. 그리고 그러한 구원에 어떻게 반응해야 하는지를 암묵적으로 지시한다. 만약 이사야의 비전이 예수님이 이루신 것을 진정으로 보여 준다면, 그분의 구원과 사역이 충만하게 이루어질 때 사회적·생태적 정의가 지속적으로 그 부분을 차지해야 할 것이다. 이런 갱신된 창조 세계에 대한 이사야의 비전은, 클래팜 공동체가 윌리엄 윌버포스(William Wilberforce)의 영향을 받아 '동물학대방지협회'(Society for the Prevention of Cruelty to Animals)를 설립하고 런던에서 곰 미끼놀이(bear baiting)를 종식시키는 운동을 시작한 동기가 되었다.[13] 환경보호단체 '아로샤'(A Rocha)의 접근법 역시 에코토피아에 대한 이사야의 비전을 따른 것이다.[14] 오늘날 미국 복음주의는 지나치게 개인적이고 영적인 측면에 치우친 관점 때문에 몹시 협소해져 버렸는데, 성경이 제공하는 급진적 소망보다는 현대성과 부흥 운동을 따라 형성되었기 때문이다. 하지만 이사야의 목소리는 모든 시대에 울려 퍼진다. 그에 따르면, 오늘날에도 여전히 이스라엘의 하나님은 우리의 그 어떤 대담한 상상보다 광대하고 포괄적인 구원을 이루고 계신다.

세례자 요한과 우주적 정의

대림절의 시작과 함께 우리가 보게 되는 것은, 예수님이 탄생하는 장면이나 그분이 사람들을 가르치고 기적을 일으키는 모습이 아니다. 그 대신 우리는 사막에 있는 이상한 인물을 만난다. 긴 머리에 야성적인 분위기를 띠는 이 금욕주의자는 하나님 나라의 도래를 알리며 천대받는 민중에게 세례를 준다. 그렇게 무대의 중앙을 차지하고 있는 이가 바로 세례자 요한이다. 플레밍 러틀리지는 그가 "구약성경의 마지막 책인 말라기에서 예언한…다가올 시대의 전령"이라고 말한다.[15]

대림절에 우리가 하고자 하는 일은, 세상 속에서 그리고 우리 삶에서 주님의 길을 준비하는 것이다. 이 일에 세례자 요한만큼 좋은 안내자는 없다. 일반적으로 대림절에 낭독되는 성경 본문들 중 요한에 관한 본문이 매우 큰 비중을 차지하는 이유는 예수님이 오실 길을 준비했던 그의 역할 때문이다. 예수님은 요한이 누구인지를 설명하기 위해, 불 수레를 타고 하늘로 올라간 엘리야가 이스라엘의 마음을 참되신 하나님께로 돌이키기 위해 돌아올 것이라는 예언을 언급하신다. 그리고 엘리야가 세례자 요한의 모습으로 이미 와 있다고 말씀하신다. 하지만 이스라엘은 그를 받아들이기는커녕 죽이고 말았다. 이후 인자에게 그리했듯이 말이다.

요한은 새로운 엘리야로서 구약의 예언 전통을 종합하는 데서 더 나아가 메시아의 새로운 시대를 내다본다. 그는 두 세계를 가로지르며, 지나간 시대에 대해 하나님의 심판을 요청하고 다가올 시대에 하나님의 구속이 임하기를 기대한다. 세례자 요한은 메시아의 새 시대가 열리기 직전의 경계 공간(liminal space)이라는 특징을 지니는 전례 절기인 대림을 우리와 함께한다. 플레밍 러틀리지는 요한이 "히브리 예언자 중 가장 마지막이자 가장 위대한 예언자"라고 말한다. "하지만 그보다 훨씬 중요한 사실은, 그가 다가올 하나님 나라의 시대에 가장 처음으로 속했던 사람이라는 점이다."[16] 요한은 구약 예언자를 상징하지만, 오늘날 우리를 대표하는 인물이기도 하다. 요한은 메시아의 첫 번째 오심을 알릴 뿐 아니라 다가올 시대의 최종 심판을 선포한다.

죄와 죽음의 통치에 종말을 선언한 요한은 예수님의 예언자적 역할을 예표한다. 그는 메시아를 가리켜 보여 주는 동시에, 우리의 위선과 완고한 자아, 우리가 어긴 약속, 회개의 필요성 등 불쾌하고 불편한 진실을 직접적으로 드러낸다. 그는 조심스럽게 말하지 않는다. 그는 바리새파와 사두개파(사상적으로 반목했던 두 종교 분파) 사람들을 "독사의 자식들"(마 3:7)이라고 불렀다. 오늘날 상황에 비유하자면, 정치적·종교적 좌파와 우파를 동시에 비판한 것이라 볼 수 있다. 요한이 그들에게 퍼부은 혹독한 말은 그 확실성과 강도의 측면에서, 숨겨져 있던 모든 것이 종국에 드러나리라는 예수님의 말씀(눅 8:17을 보라)에 비견할 만하다. "이미 도끼가 나무뿌리에 놓였으니, 좋은 열매를 맺지 아니하는 나무마다 찍혀 불에 던져지리라"(마 3:10). 그는 매사에 확실한 사람이었다.

그는 어떤 면에서는 정치적인 인물인데, 인간이 가진 억압적이고 파괴적이고 허무주의적인 모든 충동에 대해 하나님이 내리시는 심판을 대변했기 때문이다. 그를 포함한 모든 예언자는 타인을 희생시키는 대가로 잇속을 차리는 지도자들과 부패한 체제에 매우 위협적인 존재였다. 그래서 권력을 가진 수많은 사람들이 예언자를 위험한 제거 대상으로 여겼다.

요한을 정당하지 못한 사유로 잔인하게 처형한 뒤 헤로디아의 딸이 그의 머리를 쟁반에 담아 가져가는 섬뜩한 장면은, 요한이 얼마나 위협적인 정치적 인물이었는지를 말해 준다.[17] 플레밍 러틀리지는 이렇게 쓴다.

┃ 그가 요단 강독에 나타났을 때, 은폐되어 있던 모든 것

들이 예정된 대로 끝을 맞이했다. 워터게이트나 이란게이트 등 온갖 지저분한 '-게이트'가 일어나기 2천 년 전에, 요한은 돈에 매수된 정부와 부패한 경찰과 탐욕스러운 자본가와 이기적인 부자와 자기 의에 빠진 종교 기관에 임박한 심판을 선포하러 왔다.…

　은폐된 것들은 매우 다양하다. 어떤 사람은 가정을 파괴하고 있는 알코올 중독을 인정하지 않는다. 어떤 사람은 가족이나 연인을 불행하게 만들면서도 상담가를 찾아갈 생각이 없다. 비서가 상사의 비리를 은폐하고, 동업자들이 서로의 비리를 덮고, 대령이 장군을 위해, 주교가 성직자를 위해, 부모가 자식을 위해 실책을 덮어 준다. 대림절은 덮개를 벗겨 내는 절기다. "회개에 걸맞은 열매를 맺으라.…바로 지금 도끼가 나무뿌리에 놓여 있다!" 빛이 비치고 하나님이 우리를 대적하는 분이 아니라 우리를 위하시는 분이라는 천사의 선언이 들려오기를 숨죽이며 기다리는 바로 지금, 우리는 삶 속에 은폐된 것들을 뿌리 뽑아야 한다.[18]

　이렇듯 요한이 대림절에서 중요한 역할을 한다는 사실은 이 절기에 놀랍도록 반문화적인 방식으로 정치적이고 금욕적인 의미가 있다는 점을 상기시킨다. 그의 경고에

귀를 기울이기 위해서는, 세상의 문제가 단순히 '바깥에' 즉 우리와 정치적이고 이념적으로 대적하는 특별히 악하다고 상정된 이들 가운데 있는 것이 아님을 인식해야 한다. 문제는 우리 안에도 있고, 우리 안에서 흘러나온다. 알렉산드르 솔제니친(Aleksandr Solzhenitsyn)이 말했듯, 선과 악을 구분하는 경계는 모든 인간의 마음을 가로지른다.[19] 그래서 요한의 강철 같은 시선이 우리 쪽을 향할 때, 우리는 우리 역시 고통을 생산하는 구조의 한 부분임을 깨닫게 된다. 우리 역시 타인의 고통에 원인을 제공하는 존재임을, 희생자인 동시에 타인을 희생시키는 자임을 깨닫게 된다.

그러나 우리는 소망 없이 버려진 존재가 아니다. 우리는 회개하도록 부름받는다. 그리스도가 영광 중에 다시 오실 것이고 우리가 그분의 적이 아닌 친구로 여겨지기를 원한다는 것을 명료하게 기억하도록 부름받는다. 우리는 강자가 약자를 착취하는 모습을 그분이 지켜보고 알고 계시며, 그들을 위해 행동하실 것임을 기억한다. 한편으로 우리는 기억해야 한다. 요한은 죄와 억압적 권력에 대해 하나님이 단호하게 반대하심을 선언했지만 그러면서도 메시아의 길을 준비했고, 그 메시아는 (항상 그리고 모든 면에서) 우리를 대적하는 분이 아니라 우리를 위하시는 분이다. 결국 승리하는 것은 하나님의 사랑이다. 하나님의 사랑은 우리를 정화하고, 새롭게 하고, 세상과 우리 안에서 망가져 버린 것들을 바로잡는 맹렬한 불꽃이다. 하나님의 사랑은 우리를 회개의 자리로 데려간다. 하나님의 사랑은 억압받는 자를 자유롭게 하고 모든 것을 새롭게 한다. 하나님의 사랑은 진실과 정의를 견지한다. 하나님의 사랑은 숨겨진 것을 전부 드러낸다. 바로 이 사랑이 우리를 향해 오고 있다.

불러일으키다

대림절의 네 기도

×

교회력의 다른 절기들과 마찬
가지로, 대림절 역시 우리에게 기도하는 법을(그리고 기도하
는 가운데 믿는 법을) 가르치고자 한다.

교부 신학자 아키텐의 프로스페르(Prosper of Aquitaine)
가 교회에 전해 준 오래된 격언이 있다. "기도의 법이 신앙
의 법이다"(*Lex orandi statuat lex credendi*). 프로스페르가 이 말
을 통해 설명하고 있는 것은 형성 과정의 신비다. 우리는
모두 하나님이 누구시고 어떤 분이신지에 대해 예상되거
나 물려받거나 창안해 낸 개념이 있다. 이 개념은 의식의

표면 아래서 보통 인식되지 않은 상태로 떠다니면서도 우리의 존재와 행동을 이끌어 간다. 인자하신 하나님은 그런 우리가 있는 곳에서 우리를 만나 주시고 우리에게 맞추어 주신다. 심지어 하나님에 대해 미처 여물지 못한 생각과 부적절한 인상과 잘못된 개념 때문에 우리의 영혼이 소리 없이 요동칠 때도 말이다.

하지만 인자하신 하나님은 동시에 우리의 상상력을 치유하기 위해 일하신다. 그래야만 그분이 정말로 어떤 분이신지에 대한 더 참되고 아름다운 상을 얻을 수 있기 때문이다. 이것이 바로 이미 기록되어 우리에게 주어지는 기도가 필요한 부분적인 이유다. 이런 기도들을 개인적으로, 그리고 교회와 함께 거듭해서 드리는 경험은 일종의 치료약과 같은 효과가 있다. 교회가 세대를 통해 전해 준 기도들은 하나님에 대한 (보통 잠재되어 있는) 관점을 회복시키고 새롭게 형성한다. 우리는 기도를 통해 있는 그대로의 하나님을 만나고, 이 경험은 점차 세상을 살아가는 방식과 우리가 믿는 내용들을 변화시킨다. 기도의 법이 신앙의 법이다.[1]

전례학자 에이든 캐버너(Aidan Kavanaugh)는 이것이 매우 충격적인 주장이라고 지적한다. "이 말은 예배를 이해하는 방식에 따라 신학적 성찰이 생겨나는 것이지 그 반대가 아니라는 뜻이다."[2] 우리는 하나님에 대해 생각하기 이

전에, 예배를 드리면서 그분을 경험해야 한다. 우리는 하나님에 대한 추상적인 명제적 지식을 획득한 후 그 상에 기반해 예배를 만들어 내는 것이 아니다. 오히려 반대로, 말씀과 성례전으로 드리는 예배가 신학에 모양과 형식을 부여한다. 물론 이는 단순하게 직선적으로만 일어나는 과정이 아니다. 기도가 신앙의 내용을 형성하는 중에도 교리와 가르침(우리가 하나님에 대해 믿는다고 주장하는 내용)이 기도 방식을 형성하는 선한 피드백 작용이 있을 것이다. 하지만 핵심은, 어떤 기도를 드린다는 것은 그 기도에 의해 형성된다는 뜻이다. 우리는 우리가 기도하는 내용이다.

전례를 중시하는 교회들은 시간을 따라 그리스도인을 형성하는 하나의 방법으로서 기도를 전해 주었다. 성공회 전통에서는 그러한 기도들을 『성공회 기도서』에 수집해 두고, 대림절의 4주간을 포함한 각각의 주마다 드려야 할 기도를 지정했다. 그 기도 모음(collection)에서 각 주에 할당해 놓은 기도를 그 주의 '본기도'(collect)라고 한다.

처음 제작된 기도서의 본기도 중 3분의 2 정도는 중세 라틴어 미사에서 가져왔고 나머지는 새로 만들어진 것인데, 대부분 16세기의 캔터베리 대주교 토머스 크랜머(Thomas Cranmer)가 쓴 것이다. 이 본기도들은 대체로 매우 유려하다. 기도지만 어떻게 보면 시처럼 들린다. 단어를 탁월하게 엮어 노래하듯 기도한다.

성공회 전통의 초기에 이 본기도들은 혁명적이었다. 많은 이들이 태어나 처음으로 이 오래된 기도들을 (라틴어가 아닌) 모국어로 듣게 된 것이다.

대부분의 경우 본기도는 그 주 예배에서 낭독할 성경 본문의 주제를 요약한 것이다. 그래서 이 기도는 전례 절기에 맞는 성경 본문과 주제를 묵상하도록 돕는 역할도 한다.❸

대림절 기도는 성육신을 위한 준비, 영광 중의 재림에 대한 묵상, 그 사이에서 우리를 붙잡아 주는 은혜의 수단에 대한 축하를 한데 묶는다. 대림절에 드리는 기도는 '사이의' 기도다. 이 기도들은 시련으로 가득한 현 순간을 살아가는 법을 가르쳐 준다. 그리스도의 사역을 통해 임한 그 나라와 그분의 다가올 심판이라는 절정 사이의 시간을 말이다.

우리가 대림절의 소망을 이해하게 되는 때는, 대림절에 대해 생각하기보다 대림절의 실천과 기도에 잠길 때다. 우리는 구체적인 회중과 함께 구체적인 방식으로 대림절을 지킴으로써 그리스도의 세 가지 오심을 준비한다. 그리고 이 과정은 (수천 년 동안 기도해 온 많은 그리스도인들의 경우와 마찬가지로) 공동 기도로 시작되고 끝난다.

대림절의 본기도

대림절에 드리는 본기도는 시간이 흐르면서 조금씩 바뀌어 왔다. 본래 대림절의 분위기는 참회에 가까웠고, 그리스도의 최종 재림과 심판을 준비하는 데 주로 초점이 맞추어졌다. 하지만 20세기에 이르러 성공회, 루터교, 로마가톨릭, 정교회 전례학자들의 긴밀한 공동 연구(그리스도인의 연합을 보여 준 놀라운 작업이었다)를 통해 이 같은 강조점에 변화가 일어났다.[4] 그들의 작업은 과거와 미래를 동시에 바라보는 태도를 지향함으로써 대림 절기에 균형을 가져왔다.[5]

물론 여전히 대림절의 본기도는 황홀하고 우주적인 이미지를 성경 본문에서 끌어와서 강조하고, 회중과 함께 기도하며 이 주제들을 '내적으로 소화하도록' 초대한다. 일반적인 전례에 따르는 대림절 본문과 본기도를 통해, 우리는 거듭해서 하나님의 심판이라는 불편한 개념을 대면한다. 문제를 해결하고 세상을 새롭게 만들고자 하는 인간의 모든 노력을 압도하는 하나님의 심판이 있을 것임은 엄연한 진리이고, 이 심판은 대림절에 읽는 성경 본문에서 결코 무시할 수 없는 주제다. 이는 반문화적이고 매우 고통스럽다. 오랫동안 대림절에 머물다 보면 스스로를 구원할 수 없다는 무력감이 계속해서 커질 것이다.

하지만 더 중요한 것은, 대림절을 지나며 계속해서 은혜라는 개념과 부딪치게 된다는 점이다. 아우구스티누스 (Augustine)의 『고백록』(Confessions)에서 다양한 형태로 반복되는 문장이 있다. "당신이 명하시는 것을 가능하게 하소서. 그리고 당신이 원하시는 것을 명하소서."[6] 아우구스티누스의 이해에 따르면, 우리가 하나님께 순종하며 살기 위해서는 순종할 수 있는 능력을 하나님이 우리에게 주셔야 한다. 은혜는 우리가 실책을 범할 때 용서해 줄 뿐 아니라, 우리를 빛 안에서 걷는 사람으로 변화시킨다. 은혜는 우리가 노력 없이 그리스도의 은혜를 얻게 하지만, 또한 우리 삶을 짓누르는 불안과 이기심, 냉담함, 두려움으로부터 서서히 자유로워지게 한다. 그래서 본기도를 드릴 때, 강조점은 우리의 행동으로부터 우리를 가르치고 그분의 명령을 따를 수 있는 힘을 주시는 하나님의 행동으로 점점 옮겨 간다.

어둠의 일을 벗기

> 전능하신 하나님, 당신의 아들 예수 그리스도께서 위대한 겸손으로 말미암아 유한한 생명을 취하여 우리에게 오셨나이다. 유한한 생명을 입고 있는 지금 우리가 어둠의 일을 벗고 빛의 갑옷을 입을 수 있도록 은혜를 주소

서. 그리하여 그분이 마지막 날 산 자와 죽은 자를 심판
하러 영광의 위엄을 띠고 다시 오실 때, 우리가 부활하여
영원한 생명을 얻게 하소서. 이제로부터 영원히, 한 분 하
나님으로서 성부와 성령과 함께 사시고 다스리시는 그리
스도의 이름으로 기도하나이다. 아멘. [7]

대림절 첫 일요일에 드리는 이 본기도는 "어둠의 일"과
"빛의 갑옷"의 대조를 보여 주며, 전례 중심의 교회에서 대
림절 첫 주에 종종 낭독하는 로마서 13:8-14에 담긴 바울
의 언어를 암시한다. 그 본문의 한 부분은 다음과 같다. "또
한 너희가 이 시기를 알거니와 자다가 깰 때가 벌써 되었으
니, 이는 이제 우리의 구원이 처음 믿을 때보다 가까웠음이
라. 밤이 깊고 낮이 가까웠으니 그러므로 우리가 어둠의 일
을 벗고 빛의 갑옷을 입자"(롬 13:11-12).

바울에게 변화(어둠의 일을 벗고 빛의 갑옷을 입는 일)는 매우
시급한 문제인데, 이는 '이 시기'에 대한 그의 이해 때문이
다. 올리버 오도너번(Oliver O'Donovan)의 말에 따르면, 히브
리 성경 전반에서 하나님이 행동해 주시기를 요청하는 내
용이 등장하지만, 신약성경에서는 그런 요청을 찾아볼 수
없다. 오히려 신약성경은 하나님이 이미 행동하셨고 그 행
동이 결정적인 것이라고 상정한다. 이제는 우리가 하나님

이 이미 행하셨고 지금도 행하고 계시는 것들에 주의를 기울이도록 부름받는다.⑧ 하나님의 일은 곧 완성될 것이다. 우리는 주님의 오심을 간절히 기다린다. 그리고 바울이 상기시키듯, 우리가 처음 믿었을 때보다 그날은 더욱 가까워지고 있다. 그렇다면 우리는 하나님이 세상 속에서 활동하고 계신다는 가정 아래 살아가고 있는 것이다.

바울이 다음과 같이 말했듯이, 우리가 살고 있는 시간은 동트기 직전의 순간과 같다. "밤이 깊고 낮이 가까웠으니"(롬 13:12). 오도너번의 표현에 따르면 미래에 일어날 구속은 "실질적인 즉시성"이 있다. 우리는 그 구속이 우리를 에워싸기를 기다리며 준비하고 있다. 바울은 그리스도의 오심이 미래의 사건이지만 "우리가 그것을 마주 대하고 숙고하는 것은 지금이기 때문에, 현재의 사건이기도 하다"⑨는 사실을 우리가 깨닫기를 요청한다. 그런 이유로 바울은 다른 본문에서 이렇게 말하기도 했다. "보라, 지금은 은혜받을 만한 때요. 보라, 지금은 구원의 날이로다"(고후 6:2).

로마서 본문에서 바울은 우리에게 낮 시간처럼 생활하라고 요청한다. 낮에는 우리가 하는 모든 일이 드러나고 그 무엇도 남모르게 숨길 수 없다. 그는 하나님의 백성들에게 "음란하거나 호색하지 말며 다투거나 시기하지 말[라]"(롬 13:13)고 당부한다. 여기서 그는 사회적 낙인이 찍히는 명백하고 평판 나쁜 죄들과, 외관상 좀 더 흔하고 '괜찮게' 보이는 죄들을 함께 정죄한다. 여기서는 한심스럽게 타락해 버린 자들이나 겉보기에 멀쩡하고 바르게 보이는 사람들 모두 평가를 받고, 모두 기준에 못 미치는 자들로 여겨진다. 하지만 우리는 예외 없이 모두 은혜를 받는다.

이 본기도는 우리 모두가 두 시대 사이를 살아가고 있음을 상기시키면서 시대를 넘나든다. 우리는 죄와 죽음이 여전히 울부짖는 가운데 유한한 생명으로 살아가는 이 시대(롬 6:3-6)와, 그리스도가 이미 행하신 일이 충만하게 나타나는(니케아 신경이 표현하듯 산 자와 죽은 자를 심판하시는) 마지막 시대 사이에 놓여 있다. 각 시대는 서로 매우 다른 그리스도의 자세로 특징지어지며, 이러한 대조는 교회사에서 특히 초기 교회 내에서 자주 강조되고 찬양하는 주제가 되었다.

4세기에 예루살렘의 키릴로스(Cyril of Jerusalem)는 기독교로 회심한 예비 세례자들을 대상으로 설교를 전했다. 그는 그리스도의 두 가지 오심을 그 유사점과 차이점을 들어 설명했는데, 오늘날에도 여전히 적실한 내용이다. 키릴로스의 설교가 놀라울 만큼 현대적으로 느껴지는 이유는, 그도 사실상 우리와 동일한 시대에 살았던 사람이기 때문이다. 그와 우리 사이에는 2천 년에 가까운 시간이 놓여 있지만, 그럼에도 우리는 모두 '마지막 때'라는 동일한 세대에 속해 있다. 우리는 모두 이 기묘한 중간 시간, 그리스도의 첫 번째 오심과 최종적 오심 사이에 놓인 시간을 살아가고 있다. 우리는 수천 년에 걸쳐 같은 소망을 품고 함께 기다린다. 키릴로스는 오늘 우리에게도 설교한다.

우리는 그리스도의 첫 번째 도래뿐 아니라 두 번째 도래 역시 전하고자 합니다. 이 두 번째 도래는 첫 번째보다 훨씬 영광스러운 것입니다. 왜냐하면 첫 번째 도래에 그분은 인내를 보여 주었고, 두 번째 도래 때는 거룩한 나라의 왕관을 쓰고 오실 것이기 때문입니다. 일반적으로, 우리 주 예수 그리스도와 관련해서는 모든 것이 이중적입니다.…첫 번째 도래 때 그분은 강보에 싸여 구유에 누워 계셨고, 두 번째 오실 때는 빛을 옷처럼 입으십니다. 처음 오셨을 때 그분은 수치를 개의치 않고 십자가를 견디셨고, 두 번째는 수행하는 천사 무리와 함께 영광을 받으며 오십니다. 그러므로 그분의 첫 번째 도래에만 머무르지 말고, 두 번째 도래 또한 바라봅시다. 그분이 처음 오셨을 때 우리는 이렇게 말했습니다. '주님의 이름으로 오시는 이는 복되시다.' 두 번째 오실 때도 똑같이 외칠 것입니다. 우리의 주인을 만나 천사들과 함께 그분을 경배하며 이렇게 말할 것입니다. '주님의 이름으로 오시는 이는 복되시다.' 구주는 다시 심판을 받으러 오는 것이 아니라, 그분을 심판한 이들을 심판하러 오십니다.…그때는 거룩한 성품을 가진 그분이 설득을 통해 사람들을 가르치셨지만, 이번에는 그들이 원치 않더라도 그분을 반드시 왕으로 받아들이게 될 것입니다.🔟

듣고, 읽고, 유의하고, 배우고, 내적으로 소화하기

복되신 주님, 당신은 우리의 배움을 위해 모든 성경이 기록되게 하셨습니다. 우리가 그 말씀들을 듣고, 읽고, 유의하고, 배우고, 내적으로 소화하도록 해 주소서. 그래서 거룩한 말씀이 주는 위안과 인내를 통해, 당신이 구주 예수 그리스도 안에서 주신 영원한 생명에 대한 복된 소망을 끌어안고 끝까지 붙잡게 하여 주소서. 영원히 한 분 하나님으로서 성부와 성령과 함께 사시고 다스리시는 그리스도의 이름으로 기도하나이다. 아멘.

대림절의 두 번째 본기도는 일견 다소 부적절하다는 느낌이 들 것이다. 갑자기 완전히 새로운 방향으로 전환된 것처럼 보이기 때문이다. 성도들은 지금 성탄절을 향해 나아가는 몇 주간의 시간을 보내고 있는데, 교회는 느닷없이 성경의 유익함에 대해 이야기한다. 우리는 이 본기도를 드리며 "우리의 배움을 위해 모든 성경이 기록되게" 하신 하나님께 감사하고, 우리가 그 말씀을 "듣고, 읽고, 배우고, 내적으로 소화"할 수 있도록 은혜를 간청한다.

그러나 대림절의 이 주간에 보통 지정되는 성경 본문을 살펴보면 기도의 의미가 더 잘 와닿을 것이다. 자주 읽히는 본문은 베드로후서 3:3-4인데, 여기서 베드로는 수신자들에게 다음과 같이 권고한다. "먼저 이것을 알지니, 말세에 조롱하는 자들이 와서 자기의 정욕을 따라 행하며 조롱하여 이르되 '주께서 강림하신다는 약속이 어디 있느냐? 조상들이 잔 후로부터 만물이 처음 창조될 때와 같이 그냥 있다' 하니."

여기서 베드로는 믿음으로 기다리는 일이 얼마나 힘든지를 말하고 있다. 우리는 의문하게 된다. '예수님이 정말로 다시 오실까?' '교회가 선포하는 이 내용 중에 진실한 것이 있기는 할까?'

베드로는 우리의 문제가 기억과 관련된 것이라고 말한다. 조롱하는 자들은 성경 이야기를 "일부러 잊으려"(벧후 3:5) 한다. 베드로는 수신자들에게, 시간이란 하나님과 우리에게 동일한 방식으로 흐르는 것이 아님을 일깨운다. 그리고 기다림이 너무나 길고 고되게 느껴지더라도 우리의 이야기를 기억하고 굳게 붙잡을 것을 요청한다. 하나님이 너무 느리게 움직이시는 듯 보인다면, 그것은 그분이 우리를 보지 못하거나 신경 쓰지 않기 때문이 아니다(시 50:21). 그것은 그분의 흘러넘치는 사랑 때문이다. 하나님의 **인내**는 너무도 깊어서, 그분은 그 누구도 멸망하기를 원하지 않으신다(벧후 3:9). 베드로는 오직 말씀을 우리 눈앞에 두고 입술에 둘 때 그것이 삶 속에서 살아 움직이는 원칙이 될 수 있다고 말한다.

내게는 이것이 결코 쉽지 않다. 성경은 너무나 자주 나를 당황스럽게 만들고, 좌절시키고, 불확실하다. 나에게 하나님 말씀의 진리를 붙잡는 일은 여름날의 가벼운 산책보다는 레슬링 경기에 더 가깝다. 믿음은 마치 체를 통과하듯 내게서 빠져나가 버린다. 성경은 하나님의 말씀을 듣고 믿고 순종하기가 결코 쉽지 않았음을, "좁은 문으로 들어가기를"(눅 13:24) 힘써야 한다는 말이 지금보다 더 자연스럽게 느껴진 적은 없었음을 상기시킨다. 수천 년에 걸쳐 많은 그리스도인들이 복음을 믿고 굳게 붙잡기 위해 성경을 **읽고**, **유의하고**, **배우고**, **내적으로 소화하는** 수고를 해 왔다. 그러므로 불신앙과 싸우는 것은 우리가 처음이 아니며, 마지막도 아닐 것이다.

그리스도의 재림에 대해 그리스도인들이 주장하는 바는 자명한 사실이 아니다. 이는 주변의 증거들과 상반되어 보이는 기괴한 주장이다. 그래서 베드로는 우리가 이 이야기를 끝없이 되뇌지 않으면(이것을 기다리고 고대하고 있음을 스스로 거듭 상기하지 않으면), 불가피하게 다른 이야기를 따라 살아가게 되리라고 말한다. 그러면 우리는 더 이상 믿지 않게 될 것이다.

성 아우구스티누스는 말했다. "나는 우리의 마음이 그 형언할 수 없는 영광을 향한 갈망으로 탄식하기를 바란다!" 그는 우리가 세상을 사랑하는 것이 아니라, "우리를 부르신 그분을 향해 밀고 나아가며" 삶("순례")을 살아가야 한다고 믿었다. 갈망과 탄식의 삶은 미국 소비주의의 약속, 진보, 지금 최고의 삶을 살아야 한다는 생각과 결코 어울리지 않는다. 이런 삶은 우리에게 언제나 어렵고 부담스럽게 느껴질 것이다. 하지만 아우구스티누스는 이것이 그리스도인의 신실한 삶이라고 말한다. 교회가 매주 모여 함께 성경을 읽고 성찬을 거행하는 이유는, 우리의 갈망을 만족시키기 위해서가 아니라 그 갈망을 더 날카롭고 예민하고 강렬하게 만들기 위해서다. 아우구스티누스에 따르면, 공동 예배의 핵심(하나님의 말씀을 듣고 받아들이는 일의 핵심)은 더 많은 것을 향한 갈망을 "심고 싹 틔우고" 더 크게 자라나도록 키우는 데 있다. 그렇게 할 때 우리 영혼 안에 오직 하나님만이 채우실 수 있는 공간이 창조되기 때문이다.[11]

베드로와 아우구스티누스가 모두 지적하는 중대한 요점은, 하나님을 향한 사랑과 그분에 대한 신뢰는 일구어야 하는 것이라는 점이다. 그것은 자연스럽게 생기는 마음이 아니다. 삶이 우리 뜻에만 맡겨지면, 열정과 욕망은(갈 5:24; 또한 약 1:12-14; 4:4도 보라) 하나님을 떠나 거짓 신을 향할 것이다. 제임스 스미스 같은 사람들은, 이 세속적인 시대에 우리가 돌보고 함께 살아가는 사람들(심지어 교회에서 만나는 사람들도)에게는 채워져야 할 "하나님이 만드신 구멍"이 없는 것처럼 보이고 이로 인해 우리가 혼란과 괴로움을 느낀다고 강조한다.[12] 하지만 베드로와 아우구스티누스는 우리보다 훨씬 오래전에 이를 간파했다. 인간이 **무언가**를 예배하는 것은 자연스럽지만, 실재하고 참된 대상을 예배하는 법을 배우려면 오직 은혜로만 가능하다.

은혜는 우리 갈망의 방향을 바꾸어 하나님을 향하게 한다. 이는 길고 구불구불하며 종종 불편한 과정이다. 이 새로운 방향 설정은 물론 늘 기적과 같은 과정이긴 하지만, 대부분 일상적이고 때로 지루한 수단을 통해 일어난다. 즉, 성경 읽기와 설교하기, 기도하기, 교회로 모이기, 성례와 같은 방법들 말이다.

하나님이 예수 그리스도 안에서 행하신 일을 깨닫는 다는 것은, 이 같은 일상적 수단을 통해 그분이 지금 우리 가운데서 행하고 계시는 일을 깨닫는다는 의미이기도 하다. 그렇다면 이 본기도는 예수님의 현재적 도래를 상기시키는 기도라 할 수 있다. 예수님은 은혜의 수단을 통해, 특히 (벧후 3장에 따르면) 성경 읽기와 설교를 통해 우리에게 오신다. 우리의 상상력이 성경 이야기 속에 잠길 때(그것을 듣고, 읽고, 유의하고, 배우고, 내적으로 소화함으로써), 모든 것을 새롭게 하시는 예수님의 이야기가 우리 삶에 방향을 설정하고 기반이 되어 줄 것이다. 그리고 우리는 다가올 세상에 대한 소망으로 살아가는 법을 배울 것이다. 이 은혜의 수단을 통한 예수님의 도래는 우리가 계속해서 분투하고, 믿고, 약속된 도래를 기다리도록 해 준다.

당신의 사자인 예언자들을 보내셨습니다

오, 주 예수 그리스도시여, 당신은 회개를 전하고 우리의 구원을 준비하도록 당신의 사자인 예언자들을 보내셨습니다. 그들처럼 당신의 신비를 전하는 사역자들과 청지기들도, 불순종하는 이들의 마음을 돌이켜 정의로우신 분의 지혜를 향하도록 하여 당신의 길을 준비할 수 있게 해 주소서. 그래서 당신이 세상을 심판하러 다시 오실 때, 당신 보시기에 우리가 받아들이기 합당한 자가 되게 하옵소서. 당신은 이제로부터 영원히, 한 분 하나님으로서 성부와 성령과 함께 살고 다스리는 분이십니다. 아멘.

벤 위더링턴 3세(Ben Witherington III)는 예언자의 일을 '예고'(foretelling)와 '선포'(forthtelling)로 요약한다. 즉, 그들은 그리스도의 오심을 약속하는 동시에 "신자들의 상태나 하나님의 계획과 약속에 대한 진실을 전했다."[13] 예언자들은 "회개를 전하고 우리의 구원을 준비"하는 사람들이다. 그들은 하나님 나라를 알리고 몸소 드러내신 그리스도를 맞이하도록 이스라엘을 준비시켰다.

우리는 이 본기도를 드리며, 우리보다 앞서 걸어간 이들의 발자취를 따라간다. 특히 우리는 대림절의 안내자인 이사야와 세례자 요한에게 주어졌던 소명을 상기하게 된다. 그들의 사명은 다가올 심판과 구조의 사건을 알리는 것이었고, 경고와 동시에 위로를 전해야 했다(사 40:1을 보라).

이 본기도는 오늘날 교회에 속한 우리가 그들의 발자취를 따라갈 것을 요청한다. 그 예언자들과 우리의 소명이 크게 다르지 않음을 드러낸다. 우리는 신비를 전하는 청지기로서 "불순종하는 이들의 마음을 돌이켜 정의로우신 분의 지혜를 향하도록 하여"그 길을 준비하도록 부름받는다. 우리 역시 예수님의 오심을 준비하도록 부름받는다.

이 본기도는 17세기 성공회 주교 존 코신(Jon Cosin)이 쓴 것으로, 대림절 기간에 종종 낭독되는 마태복음 본문에서 영감을 얻은 것이다.[14] 이 본문에서 예수님은 구약의 말라기서를 인용하신다.

> 내가 내 사자를 네 앞에 보내노니,
>
> 　그가 네 길을 네 앞에 준비하리라.
>
> (마 11:10; 말 3:1도 보라)

이야기가 놀랍게 전환되고, 예수님은 이 본문이 자신의 사촌인 세례자 요한에 관한 것이라고 말씀하신다. 여기서 드러난 요한의 진정한 정체성은, 그리스도께 이르는 길을 가리키는 예언자다.

교회 역시 이와 동일한 정체성을 취한다. 이 본기도는 우리가 행하는 사역(하나님 백성이 지속적으로 하는 일)의 예언자적 특성을 강조한다.

성탄절까지 단 몇 주를 앞둔 대림절 한가운데를 지나면서, 우리는 사역자들을 위해 기도한다. 시기 선택이 이상해 보일 수도 있다. 하지만 교회력이 시작되고 새해 사역을 시작하는 이 시점에, 교회의 지도자와 구성원들이 이사야와 요한의 사역을 지속해야 한다는 사실을 떠올리는 것은 타당한 일이다. 그래서 우리의 시작은 도움이 필요함을 인정하는 것이다. 만약 하나님이 우리에게도 "주님의 길을 예비하라"고 명하신다면, 우리는 그것을 가능하게 할 하나님의 은혜가 필요하다.

그렇다면 오늘날 교회가 진정한 예언자의 일을 수행한다는 것은 어떤 의미일까? 우리는 어떻게 사람들에게 그리스도를 알려 준 이사야와 세례자 요한을 따르는 대안적 공동체가 될 수 있을까?

신학자 스탠리 하우어워스(Stanley Hauerwas)가 2017년 애버딘 대학교에서 했던 졸업 연설은 아마도 역사상 가장 짧은 졸업 연설 중 하나일 것이다. 그는 5분도 채 안 되는 짧은 시간 동안 오직 한 가지 주제에 집중했다. "거짓말하지 마십시오." 허위와 반쪽짜리 진실로 가득 찬 세상, 정치 체제, 교회, 사회 한가운데서 우리는 진실을 말하는 예언자의 과업을 다시 이어받아야 한다. 우리는 세상과 우리 자신과 하나님에 대해 양심적이고 총체적인 정직함을 지녀야 한다. 예언자들의 삶에서 이를 확인할 수 있다. 하우어워스는 거짓을 말하지 않으려는 노력에는 "진리 안에 거주하는" 삶이 요구된다고 말했다.[15] 우리 문화는 거짓이 만연하고,

개인적 목적을 위해 관계를 도구화하고, 자기 정당화와 그럴듯한 해석에 능란하고, 자신이 속한 정치적·이념적 진영의 잘못은 최소화하면서 상대 진영의 잘못은 부풀리고, 온라인상의 거짓 정보와 소문을 공유하고 음모론을 반긴다. 이런 문화 한가운데서 교회는 진실을 알고 선포하는 일에 대한 철저한 헌신을 회복해야 한다. 신학자 윌리엄 윌리몬(William Willimon)은 하우어워스의 연설을 상기하며 이렇게 말했다. "우리는 거짓을 말하지 않는다. 왜냐하면 예수 그리스도가 거짓의 세상에서 진리의 삶을 가능하게 하는 분이심을 보여 주는 것이 우리의 책무이기 때문이다."[16]

당신의 권능을 일으키소서, 오 주여

당신의 권능을 일으키소서, 오 주여. 위대한 힘으로 우리에게 오소서. 우리는 우리 죄에 극심히 가로막혀 앞에 놓인 길을 달려갈 수 없으니, 당신의 너그러운 은혜와 자비로 속히 도우시고 구출해 주소서. 성부와 성령과 함께 이제로부터 영원히 존귀와 영광을 받으실 우리 주 예수 그리스도의 이름으로 기도하나이다. 아멘.

『성공회 기도서』에서 수태고지 주일로 불리는 대림절

마지막 주의 성경 본문은, 천사 가브리엘이 마리아에게 성육신을 알리는 장면에 주의를 집중시킨다. "마리아여, 무서워하지 말라. 네가 하나님께 은혜를 입었느니라. 보라, 네가 잉태하여 아들을 낳으리니 그 이름을 예수라 하라. 그가 큰 자가 되고 지극히 높으신 이의 아들이라 일컬어질 것이요 주 하나님께서 그 조상 다윗의 왕위를 그에게 주시리니, 영원히 야곱의 집을 왕으로 다스리실 것이며 그 나라가 무궁하리라"(눅 1:30-33).

이 본기도는 수태고지 이야기의 맥락 속에서 이해해야 한다. 주님이 정말로 그분의 권능을 일으켜 한 젊은 여성의 피와 뼈와 자궁을 통해 우리에게 오셨다. 수태고지에 초점을 맞추는 대림절 네 번째 일요일은 전환이 일어나는 시간이다. 마리아는 그때까지 준비하고 기다려 온 모든 세대를 요약하는 존재다. 우리는 교회와 함께 예수님의 오심을 갈망하며 기다리면서, 2천 년 전 부풀어 오른 배에 생명을 품고 해산을 기다렸던 한 10대 소녀를 기억한다. 마리아는 성경 속 그 누구보다 기쁨과 기다림이 지닌 연약함을 잘 드러낸 인물이다.

천사는 마리아에게, "성령이 네게 임하시고 지극히 높으신 이의 능력이 너를 덮으시리니 이러므로 나실 바 거룩한 이는 하나님의 아들이라 일컬어지리라"(눅 1:35)라고 말한다. 어렸고, 혼자였고, (추정컨대) 겁이 났을 마리아는 놀라운 믿음으로 이에 응답했고 그 말은 이후의 모든 세대에 울려 퍼진다. "말씀대로 내게 이루어지이다"(눅 1:38). 하나님의 무모하고 예측 불가능한 뜻을 신뢰하고 자기를 내어 드린 마리아는 교회의 역사를 통해 계속해서 칭송받고 있다.

기독교 역사학자 야로슬라프 펠리칸(Jaroslav Pelikan)에 따르면, 마리아는 이 순간 모든 신자가 추구해야 할 삶의 방식을 보여 주는 모범으로서 행동하고 있다. 그것은 하나님의 일에 '예'라고 답하는 삶의 방식이다.[17] 아마도 글을 거의 읽지 못했을 것이고 재력도 지위도 없이 후미진 마을에 살았던, 막 사춘기를 지난 보잘것없는 소녀가 보여 준 그리스도인의 신실함은 무엇에도 비견할 수 없다. 바로 그 이유 때문에, 마리아 찬가에도 나오듯 모든 세대가 그를 복 있는 사람이라 부를 것이다(눅 1:48). 그리고 실제로 모든 세대가, 심지어 마리아에 대한 공경을 약화시킨 개신교인들도 그를 그렇게 일컬어 왔다.

제라드 맨리 홉킨스(Gerard Manley Hopkins)는 마리아가 행한 일의 중요성을 다음과 같이 표현했다.

흠 없으신 마리아여,
한 여자에 불과하나

> 그 존재와 힘은 어떤 여신이
>
> 얻지도 꿈꾸지도 못할 만큼
>
> 위대하도다.
>
> 해야 할 일은 한 가지,
>
> 하나님의 영광이 자신을 통하게 하는 것….
>
> 하나님의 무한하심을
>
> 아이의 유약함으로 줄여
>
> 자궁과 가슴으로 받아들이고
>
> 낳고 젖 먹이고 모든 것을 감내하셨도다. [18]

물론 기독교 전통에서 마리아의 믿음이 칭송되어 온 것은 타당하지만, 그의 이야기를 지배하는 주제는 하나님의 은혜다. 수태고지와 마리아의 신실한 응답은 더 큰 하나님의 드라마의 한 부분이며, 그는 드라마에서 배역 하나를 맡았을 뿐이다. 인간의 행동은 중요하지만, 대림절이 제시하는 하나님의 더 큰 이야기 속에서는 '중심에서 벗어난' 것이다. 이 이야기의 주인공은 언제나 하나님이시다. 그분은 자궁을 여시고 부모의 마음을 자녀에게로, 또 자녀의 마음을 부모에게로 돌이키시며 [19] (말 4:6; 눅 1:17을 보라), 지면을 새롭게 하신다 (시 104:30을 보라). 수태고지를 깊이 묵상하다 보면, 결국 무대의 중심에서 우리의 시선을 사로잡는 분은 하나님이시다.

복음서들 중 마리아의 행동이 가장 두드러지는 누가복음에서도, 그는 기본적으로 하나님의 은혜를 거저 받는 수혜자일 뿐이다. 이는 가브리엘이 전해 준 소식에 감사로 응답하는 그의 모습을 통해 분명해진다. 누가복음 2장을 보면, 마리아가 자신이 들은 이야기들을 '마음에 새긴다'는 표현이 두 번 등장한다(눅 2:19, 51). 마리아는 자신에게 주어진 '성경' 말씀을 듣고 유의하고 배우고 내적으로 소화하면서, 그것이 삶의 방향을 설정하는 이야기가 될 수 있도록 늘 가까이하며 묵상했다.

마리아의 헬라어 이름은 '마리암'(Μαριὰμ)으로, 구약에 등장하는 모세와 아론의 누이 이름(보통 '미리암'으로 번역되는)과 같다. 야웨가 열 가지 재앙으로 이집트의 신들에게 굴욕을 주고 자기 백성을 구출하여 홍해를 건넜을 때, 미리암은 야웨의 사랑과 능력과 구원을 즐거워하며 노래하고 춤추기 시작했다.

> 여호와를 찬송하라.
>   그는 높고 영화로우심이요
> 말과 그 탄 자를
>   바다에 던지셨음이로다. (출 15:21)

가브리엘의 약속은 미리암의 노래가 옳았음을 최종적으로 증명해 주었다.[20] 수태고지 이야기는, 하나님이 예수님의 삶을 통해 죄와 죽음으로부터의 새롭고 더 위대한 탈출을 시작하셨다는 선언이다(눅 9:31은 예수님의 죽음을 '*exodos*'라고 명확히 표현하는데, 이는 종종 '탈출'로 번역되는 단어다). 미리암의 노래를 떠올리게 하는 마리아 찬가는 하나님의 구출 사역을 기쁨으로 축하하는 노래다. 마리아와 미리암 사이에는 숱한 세대의 간격이 놓여 있지만, 그들은 함께 노래한다. 동일한 소망의 노래를 부른다.

물론 이 본기도에서 마리아는 언급되지 않는다. 그러나 이 기도와 마리아의 이야기는 모두 대림절 넷째 주의 초점(하나님의 권능과 구조의 선언)을 강력하게 드러낸다. 마리아는 '반투명한' 존재가 되고, 그의 신실한 행동을 통해 세상을 향한 하나님의 사랑이 예수님 안에서 가시화된다.[21] 이 본기도의 중심에 있는 사람은 마리아가 아니라 마리아 찬가의 내용과 그 노래가 궁극적으로 향하는 대상이다.

우리는 권능으로 우리에게 오시는 하나님이 필요하다. 하지만 실제로 그분이 오신다 해도 우리는 "죄에 극심히 가로막혀 앞에 놓인 길을 달려갈 수 없[는]" 자신을 불가피하게 직면할 것이다. 그렇다면 우리가 할 수 있는 일은 무엇일까? 그저 은혜를 달라고, 도와달라고, 구출해 달라고 외칠 뿐이다.

죄와 죽음에서 우리를 구하는 하나님의 구출은 결코 미봉책일 수 없다. 뿌리까지 거슬러 내려가, 이 시대의 주된 압제자인 죄와 죽음과 악마를 말살시켜야 한다.[22] 그렇게 할 때 비로소 우리의 '전적 타락'(pervasive depravity)[23] 상태가 치유될 수 있다. 이 전환의 일요일에 묵상하는 마리아 찬가와 그것을 요약하는 본기도는, 우리가 죄의 영향력을 더 깊이 의식할 것을 촉구한다. 그래야만 우리 자신은 물론 온 세상을 구출하시는 하나님을 향한 더 깊은 갈망으로 채워질 수 있기 때문이다.

5

가까이하다
대림절의 여덟 훈련

※

대림절에 관한 책을 쓰고 있다는 것을 알게 되면, 사람들은 반드시 이 질문을 던진다. '성탄절 음악은 언제부터 들어도 되나요?'[1]

그러면 나는 솔직하게 이렇게 얘기한다. '직접적으로 대답하기는 좀 어렵겠네요. 실망했다면 미안합니다.'

여러분이 좋아하는 성탄절 앨범을 들을 수 있는 정해진 날짜를 제시하지 않는 이유는 명확한 답이 없기 때문이다. 대림절을 지키고 싶은 바람과 성탄절을 축하하는 문화적 분위기(여기에는 전례력을 따르지 않는 교회들도 포함된다) 사이에는 솔직히 긴장이 있고, 이런 축하 분위기는 해마다 달력에서 조금씩 슬그머니 앞당겨지고 있는 것 같다.

이 두 종류의 기념 방식은 우리를 서로 다른 방향으로 끌어당긴다. 미국에서 성탄 시기를 특징짓는 것은 대량 소비다. 끊임없이 물건을 사들이고, 또 사들인다. 하지만 대림절은 부와 소유가 우리를 구조할 수 없다고 말해 준다. 구원은 구매력을 통해 주어지지 않으며, 우리는 회복과 구속을 기다릴 뿐이다.

미국에서 성탄 시기를 축하하는 문화는 흥청대는 파티와 때로는 방탕함을 요구한다. 대림절은 우리에게 성찰과 회개, 때로는 자기 부인을 요구한다. 성탄 시기는 흥겨움에 빠진 군중과 함께 초고속으로 흘러간다. 뒤처지지 않기 위해서는 돌진해야 한다. 하지만 대림절은 우리에게 속도를 늦추고 가만히 있기를, 쉬기를 요청한다.

그렇다면 대림절은 불가피하게 반문화적 성격을 띤다고 할 수 있다. 이 절기는 해마다 우리가 다른 종류의 백성임을 기억하도록 요청한다. 우리는 이방인이요 국외자다. 그리스도인은 이 세상에 결코 뿌리내릴 수 없는 사람들이었고, 앞으로도 그럴 것이다. 교회사에서 가장 최악의 순간은, 교회가 문화의 실세가 되고자 하거나 지배 문화의 기준에 소심하게 굴복할 때 찾아왔다. 이것은 진정으로 급진적이고 세상에 충격을 주는 하나님 나라를 드러내야 할 그리스도인의 증언을 가로막는다.

미미하고 비전투적이지만 여전히 전복적인 방식으로, 대림절은 그리스도를 따르는 것은 언제나 부적응자가 된다는 의미임을 일깨운다. 그것은 제자도를 훈련하기 위한 보조 바퀴다. 대림절을 통해, 우리는 부적응자가 되기가 늘 쉽고 단순하지만은 않지만 그럼에도 언제나 교회를 향한 그리스도의 부르심임을 알게 된다.

이런 반문화적 태도를 갖는 데 있어 다소 까다로운 부분은 흥을 깨거나 불쾌감을 주거나 괴짜처럼 굴지 않고 정중함을 유지해야 한다는 것이다. 그래서 대림절 실천의 가장 어려운 요소 중 하나가, 주변에서 성탄의 종소리가 울려 퍼질 때 그 즐거움을 깨지 않으면서 준비와 참회의 절기를 지키는 것이다.

대림절은 기독교 전통으로부터 주어진 선물이며, 무겁게 짊어져야 할 짐도, 흥청대는 사람들을 깔볼 수 있는 특권도 아니다. 교회력의 다른 절기들처럼 대림절 역시 우리를 형성하는 유익한 영성 훈련이지, 수행해야 할 명령이 아니다. 영성 지도자이자 작가인 재러드 패트릭 보이드(Jared Patrick Boyd)는 영성 훈련을 초대로 이해할 필요가 있음을 상기시킨다.**2** 영성 훈련에 대해 듣거나 배울 때, 우리는 그것을 이미 무거워진 짐 위에 또 놓아야 할 새로운 벽돌, 혹은 해야 할 일 목록에 첨가해야 할 새로운 과제로 여길 필요가 없다. 대신 우리는 이렇게 질문해야 한다. '내 삶에서 맞이한 이 절기와 이 훈련을 통해 하나님은 나를 어디로 초대하고 계시는가?'

그러므로 대림절의 여러 훈련은 점검표라기보다 은혜로운 초대다. 모든 훈련을 실행해야 한다는 요구 조건도 없다. 그리스도인이 행하는 모든 훈련(공예배, 기도, 전례력 등)의 핵심은, 히브리서 10:24이 말하듯 "사랑과 선행을 격려"하는 것이다. 매사에 성취도가 높은 사람들에게는 다소 실망스럽겠지만, 대림절은 점수표가 없다. 대림절 우등생 명단 같은 것도 없다. 이 때문에, 대림절에 대한 가장 중요한 질문은 그것을 바르게 지키는 방법이 무엇이냐가 아니라 그것을 통해 우리 안에 사랑과 선행이 일어나느냐 하는 것이다.

성탄 트리 장식을 성탄절 전야까지 미루든, 추수감사절 바로 다음 날부터 요란한 성탄 스웨터를 꺼내든, 대림절이 우리에게 요청하는 것은 기쁨과 온화함과 친절과 소망으로 예수님을 따르는 일이다. 대림절은 12월 25일이 되기전에 머리를 호랑가시나무로 장식한 채 즐거움을 누리려는 그 어떤 시도에도 냉소와 금지를 표하지 않는다. 오히려 이 시기에 고대의 교회는 우리를 초대한다.

우리는 이전 세대의 그리스도인들이 남겨 준 전통과 전 세계 교회가 행하는 훈련을 통해 대림절을 은혜롭게 지키는 법을 배울 수 있다. 유진 피터슨(Eugene Peterson)은 성공회 사제 마틴 손턴(Martin Thornton)이 신앙 서적을 읽을 때마다 여백에 "좋아, 그런데 어떻게?"라는 말을 급히 적곤 했다고 전한다. "좋아, 그런데 어떻게? 엄청난 아이디어야! 탁월한 생각이군! 훌륭한 통찰이지! 목적도 대단하고! '좋아, 그런데 어떻게?' 내가 어떻게 실행할 수 있을까?"[3] 우리는 땅을 새롭게 하시는 하나님의 이야기 속으로 어떻게 더 충분히 들어갈 수 있을까? 어떻게 대림절의 소망을 끌어안을 수 있을까?

대림절을 지키는 올바른 방법이 한 가지만 있는 것은 아니다. 그래서 삶의 특정한 시기에 주어지는 하나님의 초대에 응하려면 분별이 필요하다. 하지만 그렇다고 해서 대림절을 지키는 방식이 전적으로 개인적 선택이나 선호의 문제라는 뜻은 아니다. 교회가 제시하는 대림 절기와 성탄 절기를 구분하는 훈련과 전통이 '좋아, 그렇데 어떻게?'라는 우리의 질문에 답을 줄 것이다. 이 훈련들을 해 나가면서, 우리는 전 세계 교회와 고대의 교회가 대림절을 통해 우리에게 준 선물 꾸러미를 풀 수 있는 방법을 알게 된다.

기도, 금식, 구제

대림절을 기념하는 가장 잘 알려진 방식은 대림환과 대림절 달력(어드벤트 캘린더)을 사용하는 것이다. 매우 좋은 도구이고 우리 가족도 매년 사용하긴 하지만, 가장 핵심적인 훈련은 아니다. 이들은 그저 최근 몇 세기를 지나며 첨가된 것일 뿐이다. 그래서 나는 대림절이 시작되던 초기부터 행해진 핵심 실천들을 먼저 소개하고자 한다. 바로 기도와 금식과 구제다.

대림절을 지키기 시작하던 아주 오래전부터, 그리스도인들은 그리스도의 세 가지 오심을 마음으로 준비하기 위해 이 세 훈련을 지속적으로 행해 왔다.

이것들은 예수님이 산상설교에서 직접 언급하신 훈련이기도 하다. 여기서 예수님은 일부 종교 인사들이 이 훈련을 수행하는 방식을 비판하신다(마 6:1-18을 보라). 그분의 말씀은 오늘날 우리를 향한 경고로서도 여전히 유효하다. 이런 훈련들은 공적으로 전시될 때 왜곡될 수 있으며, 사람들의 인정이나 우쭐한 자기만족 같은 개인적 목적 달성에 이용되기 쉽다. 과시적 경건에 대한 예수님의 이러한 경고는 특히 오늘날과 같은 인터넷 시대에 적실해 보인다. 오늘날 우리는 모든 경험, 생각, 기부 행위, 종교 활동 들을 소셜 미디어에 게시하고 싶은 유혹을 느낀다. 소셜 미디어가 다른 어떤 특징을 가지고 있든, 그것은 결국 모든 것을 보이는 행위로 만드는 수단이 된다. 예수님은 산상설교에서, 경건을 보이는 행위로 착각하지 않도록 적극적으로 저항해야 한다고 말씀하신다.

하지만 예수님의 말씀은 기도나 금식이나 구제를 하지 말라는 뜻이 아니다. 사실 그분은 제자들이 이런 훈련을 규칙적으로 **행하는** 것을 당연히 여기시는 듯하다. 왜냐하면 그분은 그 훈련을 "할 때"('한다면'이 아니라) 필요한 지침을 주고 계시기 때문이다. 즉, 예수님은 이 행위들의 중심을 다시 하나님께 맞추신다.

초기 교회에서 이 세 가지 영성 훈련(기도, 금식, 구제)은 함께 행해졌다. 모두 철저히 신체적인 훈련인데, 초기 교회 지도자들은 이것들을 치료와 관련된 용어로 표현했다. 몸을 사용함으로써 영혼을 치유한다는 것이다. 몸으로 일하는 것은 또한 영혼으로 일하는 것이고, 몸을 훈련하는 것은 영혼을 정화하는 것이다. 기도, 금식, 구제는 마음으로만이 아니라 전 존재로 그리스도를 따르는 법을 배울 수 있는 구체적 수단이다.

금식과 구제가 몸으로 하는 훈련이라는 것은 명백해 보이지만, 기도는 그렇지 않다. 그러나 초기 교회가 기도에 대해 가졌던 생각을 들여다본다면, 그것이 순전히 신체적 행위라는 사실에 놀라게 될 것이다.

우선, 사람들은 대부분의 경우 소리 내어 기도했다. 오늘날 서구의 그리스도인들은 다른 사람과 함께 하는 경우가 아니라면 기도할 때 좀처럼 소리를 내지 않는다. 하지만 초기 교회 신자들은 혼자든 사람들과 함께 있든 큰 소리로 기도했다. 또한 그리스도인들은 동쪽을 향해서 기도하고자 했다. 에덴동산이 동쪽에 있었다고 여겨졌고, 초기 그리스도인들에게 예수님의 부활은 그분이 에덴으로 돌아와 그곳을 회복하시는 사건이었기 때문이다. 4세기 니사의 그레고리우스(Gregory of Nyssa)에 따르면, 그리스도인이 동쪽을 향해 기도하는 것은 기도가 낙원, 우리의 '옛 조국', 참된 본향을 찾고 기억하는 행위이기 때문이다. 8세기에 다마스쿠스의 요한(John of Damascus)은 "공의로운 해"(말 4:2)가 떠오르기를 고대하며 동쪽을 향한다고 말하기도 했다.[4]

교회사를 들여다보면, 기도하는 자세는 기도의 핵심적인 부분이었다. 일부 초기 그리스도인들은 (바울이 딤전 2:8에서 권한 대로) 서서 손을 들고 기도했다. 다니엘을 따라 무릎을 꿇기도 했고(단 6:10), 모세처럼 바닥에 엎드리기도 했다(신 9:18-20). 초기 교회의 기도 모임들은 오늘날의 진중한 '침묵의 시간'보다는 필라테스 수업을 더 연상시켰을 것이다.

고대 교회에서는 하루 중 어느 때에 기도하느냐도 중요했기에, 초기 교회 공동체는 특정한 시간을 기도하는 시간으로 떼어 두었다(행 3:1을 보라). 정시 기도로 알려진 이 형식은 오늘날 전 세계의 수도원을 통해 이어지고 있다. 정시 기도 전통은 하루 네 번 정해진 시간에 기도하는 성공회 성무일과를 탄생시켰다.**5** 전례 절기 역시 기도의 형성에 중요한 역할을 했다. 예를 들어, 대림절과 사순절은 참회의 성격을 띠므로 그 시기에 드리는 기도는 고해에 초점을 맞추게 되었다.**6**

이런 초기 교회의 형식에 맞추기 위해 현대의 기도 관행을 바꿀 필요는 없다. 하나님은 우리의 기도 자체를 기뻐하시며, 고대의 기도와 반드시 유사할 필요도 없다. 하지만 우리의 기도보다 앞서 드려졌던 기도들은 우리를 더 성숙한 기도로 초대한다.**7**

아주 오랫동안(성년에 이르기까지) 내가 생각한 기도의 의미는 하나였다. 기도란, 떠오른 생각들을 하나님께 이야기하는 것이었다. 그것이 기도의 전부였다. 그래서 '기도가 자라야 한다'는 말을 들으면, 하나님과 이야기하는 데 더 많은 **시간**을 들여야 한다는 뜻이라고 생각했다. 그것은 불가능한 과제 같아 보였다. 우리가 쓸 수 있는 하루의 시간은 한계가 있기 때문이다. 나는 잠을 자야 하고, 식사를 해야 하고, 일을 하고 여러 가지 문제에 집중해야 한다. 게다가 하나님께 이야기할 소재가 떨어지는 데는 그리 긴 시간이 걸리지 않았다. 그러니까 나는 기도가 자랄 만큼 충분히 말이 많은 사람이 못 되었다(사실 나는 꽤 말이 많은 사람인데도 말이다).

그러다 교회를 통해 전해 내려온 다른 형태의 기도들을 배우면서, 성숙한 기도로의 부르심이 초대로 느껴지기 시작했다. 그것은 단순히 하루 중에 '경건의 시간'을 더 많이 갖는 것이 아니라, 다른 **방식**의 기도를 탐험하라는 초대였다. 각각의 기도 훈련들은 하나님이 누구시고 그분을 어떻게 알고 따를 수 있는지를 이해하는 새로운 시각을 열어 준다.

대부분의 미국인은 영성 훈련(기도와 금식을 포함한)이 대부분 개인적이고 영적인 방식으로 이루어진다고 직관적으로 이해한다. 그 핵심은 개인적 평안을 얻었거나 영적 성장을 이루었다는 느낌을 얻는 데 있는 것 같다. 이런 훈련은 분명 평안을 경험하고 성장을 이루는 데 도움이 되지만, 초기 교회에서는 물질적·사회적 측면에서도 극적인 결과를 가져왔다. 당시 그리스도인들의 훈련은 집단으로 이루어졌고, 공동체와 관련된 목적을 가지고 있었다.

오리게네스(Origen)는 황제를 위해 기도하는 것이 전장에서 피를 흘리는 것보다 정의를 실현하는 데 훨씬 효과적이라고 보았다. 그에게는 군인보다 기도하는 사람들이 나라에 훨씬 필요한 존재였다.[8] 마찬가지로, 금식은 단순히 하나님과의 인격적 친밀함을 키우는 수단이 아니었다. 그것은 다음과 같은 목표를 위해 하나님과 함께하고자 하는 적극적 헌신이었다.

> 흉악의 결박을 풀어 주며
> 　멍에의 줄을 끌러 주며
> 압제당하는 자를 자유하게 하며
> 　모든 멍에를 꺾는 것…
> 또 주린 자에게 네 양식을 나누어 주며
> 　유리하는 빈민을 집에 들이며…. (사 58:6-7)

구제는 단순한 자선이 아닌 정의의 문제였다. 그것은 하나님이 부를 주셨음을 인정하고 그것을 재분배하여 "너희 중에 가난한 자가 없으리라"(신 15:4)는 말씀을 이루려는 행동이었다. 그러므로 이 훈련들은 우리가 작고 비좁고 배타적인 세계를 떠나 하나님의 우선순위를 따라가도록(지역과 도시에 하나님 나라를 이루는 그분의 일에 참여하도록) 하기 위해 하나님이 사용하시는 구체적이고 실제적이고 체화된 수단이다.

기독교 전통에서 금식과 구제는 매우 긴밀하게 연결되어 있어서, 둘을 따로 떼어 생각하기는 불가능하다. 금식은 굶주리는 자들과의 연대를 경험하는 하나의 방식이지만, 굶주림의 문제를 없애려는 노력 없이는 불완전할 수밖에 없다. 5세기에 대교황 레오(Saint Leo the Great)는 다음과 같이 설교했다. "무엇이 금식보다 효과적일 수 있을까? 우리는 금식을 하면서 하나님께 가까이 나아간다.⋯금식은 언제나 덕을 키우는 음식이었다." 하지만 그는 이어서 이렇게 말한다. "그러나 우리 영혼은 금식만으로 구원에 이를 수 없기에, 가난한 자를 향한 자비의 행위를 더하도록 하자. 즐거움을 보류하고 아껴 둔 것을 선행에 사용하자. 금식하는 자가 절제한 것이 가난한 자에게 자양분이 되게 하자. 노력을 들여 과부를 변호하고, 고아에게 유익을 주고, 우는 자를 위로하고, 적과 화해하자. 낯선 자를 받아들이고, 억압받는 자를 자유롭게 하고, 벗은 자를 입히고, 아픈 자를 돌보자."[9]

초기 교회가 보여 주는 이러한 깊은 연결성은 오늘날 우리에게 본보기가 된다. 금식은 이웃을 실질적인 방식으로 사랑하기 위해 헌신을 새롭게 할 것을 요청한다. 금식해서 혹은 음식이나 (전자 기기를 사용하는 것과 같은) 여타 활동을 절제해서 모은 돈과 시간을 다른 사람을 섬기는 데 사용할 수 있다.

교회가 대림 절기에 금식을 권하는 이유는 땅에 있는 것이 나쁘거나 더럽다고 여기기 때문이 아니다. 성탄 절기는 우리에게 축제를 즐길 것을 요청한다. 이 축제와 즐거움과 흥겨움은 금식과 자기 부인의 강렬함을 넘어서야 하고, 그런 분위기는 12일 내내 지속되어야 한다. 예수님은 장기간의 금식을 하셨지만 먹고 마시는 일 또한 즐기셨고, 그 일로 그분을 흠잡는 사람들도 있었다(마 11:19을 보라). 식욕과 성욕과 수면욕을 가진 몸은 나쁜 것이 아니다. 몸은 영광스러운 것이다. 몸에서 쾌감을 감지하는 모든 뉴런은 우리에게 주어진 선물이고, 우리가 아름다움과 기쁨과 영원히 체화되는 축제를 위해 창조되었다는 증거다.

신체적 위안과 즐거움은 분명 좋은 것이지만, 그것이 우리를 노예로 만들 수도 있다. 금식은 하나님 안에서 참된 위안을 찾는 것을 방해하는 버팀목이나 장치들, 우리를 무감각하게 만드는 것들을 제거하는 하나의 방식이다. 금식을 통해, 우리는 음식이 선한 것이지만 궁극적 선은 아님을 고백한다.

또한 금식은 자신을 낮추는 신체적 훈련이다. 우리는 우리의 한계와 궁핍을 받아들인다. 사막 수도 전통의 역사를 기술한 가브리엘 붕게(Gabriel Bunge)는 금식이 그 자체로 좋은 것은 아니라고 말한다. 그러나 그것은 "영혼이 하나님에 대한 철저한 의존성을 근본적인 방식으로 경험하게 해 준다."[10]

이제 실질적인 문제들을 다루어 보자. 대림절을 보내며 우리는 어떻게 금식을 해야 하는가?

첫째, 모든 일요일은 축일이며, 심지어 대림이나 사순 절기 중에 맞는 일요일도 마찬가지다. 그리스도인들은 매주 일요일에 부활을 경축하는 이들이다. 그러므로 이날은 마음껏 즐거워하라. 주중에 어떤 것을 삼갔다면, 일요일에는 그것을 기쁘게 누리라.

둘째, 비정상적 음식 섭취가 만연한 서구 문화에서 금식은 복잡한 문제일 수 있다. 어떤 사람들은 폭식을 하고, 어떤 사람들은 강박적 다이어트와 완벽한 몸매 만들기에 골몰한다. 얼마 전까지만 해도 금식이 종교적 광신자에게만 해당되는 이상한 행위로 여겨질 때가 있었다. 그러나 지금은 간헐적 단식, 해독 주스 다이어트, 건강을 위한 절식 등이 선풍적 인기를 끌고 있다. 그래서 하나님을 의지하고 고통받는 자들과 연대하기 위해 금식하는 것인지, 아니면 봄방학 여행을 즐기기 전에 멋진 수영복 몸매를 만들거나 삶의 다른 모든 좋은 것을 잊어버릴 만큼 완벽한 건강을 얻기 위해 단식하면서 그것에 영적 의미를 부여하는 것인지 분간하기가 힘들다. 물론 우리에게 영적으로 유익을 주는 것은 신체 건강에도 좋을 것이다. 그럼에도 우리는 의식적으로 자신의 내면 상태를 잘 분별할 필요가 있다. 그래야만 공허감이나 중독, 강박에 이끌리지 않고 하나님을 향한 갈급함을 경험하려는 목적으로 금식할 수 있기 때문이다.

여기에 주의 사항이 하나 있다. 섭식장애가 있는 사람들에게 금식은 매우 어려운 문제다. 여러분이 음식 섭취와 관련된 문제를 겪고 있다면, 음식을 끊지 않도록 하는 것이 가장 중요한 일이다. 그래서 심지어 금식을 강조하는 (동방 정교회와 같은) 교회에서도 거식증이나 폭식증을 겪은 이력이 있는 사람에게는 음식을 끊지 말라고 권유한다. 금식을 하지 않는다고 해서 죄책감을 느낄 필요가 전혀 없다.

각자가 금식하는 방식은 변경 불가능한 법이 아닌 지혜의 영역에 속한다. 금식과 관련해서는 모두에게 맞는 단 하나의 처방 같은 것은 없다.

특정한 건강상의 문제로 금식이 불가능하거나 힘든 (나와 같은) 사람들도 있다. 나는 만성 편두통을 앓고 있고, 따라서 금식 훈련을 좀 다르게 실행할 수밖에 없다. 처음으로 엄격한 금식을 시도하다가 응급실에 실려 가는 경험을 하면서, 이 영성 훈련을 내 고유한 신체적 필요에 따라 조정해야 한다는 사실을 힘들게 깨달았다.

일반적으로, 기독교 전통에서 '금식'과 '절제'는 의미가 다르다.■ 절제는 특정한 음식이나 음료를 삼가거나(가령 금요일에는 고기를 먹지 않는 식으로), 특정한 습관이나 행위를 삼가는(가령 소셜 미디어나 텔레비전 시청을 포기하는 식으로) 것이다. 금식은 음식을 아예 먹지 않거나 매우 제한된 양만을 섭취하는 것이다. 제한된 식사란, 예를 들면, 저녁에는 소량의 쌀밥과 콩을 먹고, 하루 동안 빵 하나와 바나나 하나를 나누어 먹는 것이다. 어쨌든 음식을 먹기 때문에 쓰러지거나 심각한 상태가 되지는 않겠지만, 결코 충분하다고 느낄 정도의 열량은 아니다.

그럼에도 나는 이 두 용어를 섞어서 사용하고 있다. 만약 여러분이 대림절에도 정상적으로 음식을 섭취할 필요가 있어서 그 대신 소셜 미디어를 끊기로 했다면, 그 또한 가치 있는 영성 훈련이다. (우리는 당연히 음식뿐 아니라 다른 것들도 금할 수 있다.)

셋째, 작은 것부터 시작하라. 결코 성급하게 뛰어들어서는 안 된다. 몸이 금식에 적응하고 자기 몸의 반응 방식을 알게 되려면 시간이 필요하다. 아침만 금식하거나, 하루만 금식을 시도해 보라. 금식은 메달이 걸려 있는 올림픽 경기가 아니다. 이것은 경쟁을 위한 것이 아니고, 극한 스

포즈는 더더욱 아니다. 그러니 조심스럽게 시작하라.

넷째, 가능하다면 혼자 하지 말라. 역사적으로 금식은 대개 공동체가 함께하는 훈련이었다. 교회들은 특정한 시기나 절기에 함께 특정한 음식을 절제했다. 이런 관행을 통해 사람들은 금식을 하면서 서로 격려할 수 있었다. 동방정교회에 속한 내 친구들은 부활절과 성탄절 전에 함께 고기와 유제품과 계란을 절제한다. 그리고 비건 조리법을 공유하고 금식 기간 동안 서로의 안부를 확인한다.

마지막으로, 금식과 기도와 구제를 결합하라. 우리는 금식하면서 기도에 의도적으로 더 많은 주의를 기울인다. 대림절에 하는 기도가 기도의 새로운 방식을 실험하는 데 도움이 될 수 있다. 초기 그리스도인들처럼 기도의 신체성에 주의를 기울이게 될지도 모른다. 어쩌면 매일의 성무일과 중 한 번의 기도(아침이나 저녁 기도 혹은 밤 기도)에 동참함으로써 정시 기도를 시작할 수도 있을 것이다.

신체적으로 가능하다면, 무릎을 꿇거나 고개를 숙이거나 바닥에 엎드려 기도할 수도 있다. 초기 그리스도인들처럼 동쪽을 바라볼 수도 있고, 기도 전후에 성호를 그을 수도 있다. 이 모두가 그 자체로 필수 조건은 아니지만, 그리스도의 오심을 준비하는 우리의 기도를 풍요롭게 해 주는 기독교 영성의 풍부한 유산이다.

또한 금식 훈련의 한 부분으로서 정의를 추구하고 어려운 이웃을 섬길 수 있다. 내가 이전에 다녔던 한 교회는, 대림 절기의 일요일마다 신자들이 모여 '지극히 작은 자'를 섬기는 비영리 단체나 선교 단체 한 곳에 대해 이야기를 나누도록 했다. 그것은 세상 속에서 이루어지고 있는 정의와 긍휼 사역을 기억하는 하나의 방식이었다. 그러고 나서 교회는 각 단체의 사역을 지원하기 위해 별도의 대림절 헌금을 모았다. 대림절은 편안한 정도를 넘어 무리하게 관대함을 실천해야 하는 시간이다. 가장 어려운 사람들을 위해 일상적인 십일조를 초과하여 나누는 시간이다.

회상, 회개, 회복

일반적인 달력에서 대림절은 한 해의 가장 마지막에 위치하지만, 교회력에서는 한 해의 시작이다. 이로 인해 대림절은 지나간 한 해를 돌아보고 다가올 해를 바라보는 새로운 시각을 기를 수 있는 유리한 지점에 놓여 있다.

이때는 많은 사람들이 흥분과 분주함에 휩싸여 있다. 그리고 많은 사람들이 침묵과 고요와 쉼을 불편해한다. 대림절은 우리에게 속도를 늦추고 성찰할 것을 요청한다.

리처드 포스터(Richard Foster)는 우리 사회의 적이 "소음, 분주함, 군중"이라는 세 가지 요소에 기반한다고 말했다. 그는 "종교적 문화를 포함하여 우리 문화의 피상성을 넘어서기 원한다면, 회복을 주는 침묵과 관상이 일어나는 내면세계 안으로 기꺼이 들어가야 한다"라고 말했다.[12] 대림절 실천은 소음과 분주함과 군중으로부터 의도적으로 물러나는 것이다.

대림절이 존재하는 이유는 모든 이의 마음속에 "그분을 위한 공간을 준비하기" 위해서다. 이러한 준비는 단지 추상적 생각에 머무르지 않는다. 우리는 일정을 새롭게 조정하여 고독과 침묵과 관상과 성찰을 우선순위에 둠으로써 그리스도를 위한 공간을 준비한다.

우리가 수도원으로 떠나야 한다는 뜻은 아니다(물론 대림절에 갖는 며칠간의 피정은 그런 준비를 하는 데 매우 유익한 시간이 되겠지만 말이다). 우리 대부분은 직장 생활을 하거나 아이를 기르거나 여러 종류의 책임을 지고 있어서 고요한 시간을 갖기가 좀처럼 쉽지 않다. 하지만 대림절은, 매일 단 몇 분에 불과하더라도 치유되고 회복될 수 있는 공간과 시간을 만들 것을 요청한다.

대림절에 특별히 유익한 훈련 중 하나는 성찰 기도를 드리는 것이다. 이는 가톨릭 영성의 이냐시오 전통에서 온 기도 형태로, 우리가 보낸 하루를 되새기고 성찰하도록 초대한다. 나는 보통 대림절에는 지나간 한 해를 되돌아보려는 목적으로 성찰 기도를 한다. 우리는 성찰 기도를 통해 그날 하루(혹은 한 해) 동안 하나님이 어떤 선물을 주셨는지, 기쁘고 즐거운 때는 언제였는지 알아차린다. 하나님께 감사를 표현하고, 그 순간들이 우리 자신과 하나님에 대해 무엇을 알려 주는지를 성찰한다. 황폐함을 느끼거나 외롭거나 하나님께 버림받은 것 같았던 순간, 죄와 자기 의존에 빠졌던 순간에 주의를 기울일 수도 있다. 그럴 때 우리는 자기 죄를 고백하고 회개한 후(특히 대림절에 필수적인 훈련이다), 이 공허하고 고통스러운 삶의 자리로 하나님을 초대한다.

하지만 지나치게 복잡하게 생각할 필요는 없다. 침묵은 손쉽게 언제든 시작할 수 있는, 하나님의 변치 않는 임재 안에 그저 앉아 있는 일이다. 그 이상으로 필요한 것은 없다. 그저 그곳에 앉아 있으라. 우리가 하루 동안 해야 할 가장 어렵고도 가장 쉬운 일이다.

대림절 달력과 대림환

한때는 전례를 중시하는 교회의 전유물이었던 대림절이 최근에는 하나의 유행이 되었다. 이 절기가 인기를 얻게 된 부분적인 이유는 바로 대림절 달력 때문이다. 상품화할 수 없는 것은 존재하지 않음을 입증이라도 하듯, 전통적인 참회의 절기인 대림절에 우리는 들어 보지도 못했던 다양한 브랜드들을 접한다. 우리는 레고 해리포터 대림절 달력(32.82달러), 바비 대림절 달력(29.99달러), 성인을 위한 고급 제품인 티파니 앤 코 대림절 달력(112달러) 등 다양한 제품을 선택할 수 있게 되었다.

대림절 달력이 만들어지기 시작한 것은 20세기 초 독일의 루터교인들이 대림절 첫날부터 성탄절까지 남은 날 수를 세기 위해 달력을 제작하면서부터였다. 1908년 뮌헨의 인쇄업자 게르하르트 랑(Gerhard Lang)이 다채로운 색으로 디자인한 달력은 오늘날 대림절 달력의 원형이 되었다. 1930대에는 성 요한 인쇄사(St. Johannis Printing Company)에서 성탄절 이야기가 담긴 성구를 넣은 달력이 제작되기도 했다. 그러다 제2차 세계대전 이후에 대림절 달력이 전 세계로 확산되었다. 1946년 슈투트가르트의 리하르트 젤머 출판사(Richard Sellmer Verlag)에서 "작은 마을"이라는 이름의 달력을 처음으로 대량 생산했고, 이것이 미국에서 널리 사용된 대림절 달력의 시초라 할 수 있다.[13]

우리 가족은 해마다 대림절 달력을 가지고 날수를 세는데(사실 참회의 성격과 그리 어울리지 않는다는 점은 잘 알지만, 달력에다 초콜릿을 잔뜩 집어넣는다), 가족이 함께하는 대림절 훈련의 무척 재미있는 요소다. 금식이 우선이어야 하는 대림절의 성격과 다소 긴장을 이룬다는 점을 인정하지만, 그럼에도 이 절기에서 우리 아이들이 매우 좋아하는 부분이다. 이것은 대림절이 강조하는 기대감을 (문자 그대로) 맛볼 수 있는 구체적인 방식이다. 또한 우리는 매일 대림절 달력을 열 때마다 성경 구절과 어린이용 대림절 묵상집을 함께 읽는다. 아이들이 성경 이야기에 관심을 갖도록 유도하기 위해 간식이 필요하다면, 그렇게 하는 것도 괜찮다.

또한 성공회 신자가 된 이래로 우리 가족은 해마다 대림환을 만들었고, 나는 식탁을 대림환으로 장식하는 순간을 점점 고대하게 되었다. 대림환은 보통 성탄 전야까지의 네 주에 해당하는 네 개의 초로 만드는 고리 모양 장식이다. 그 중심에 놓인 하얀 초는 성탄절에 점화하는 '그리스도의 초'다. 우리 가족은 밤마다 모여 대림절 초를 켠다. 첫 주에는 하나를, 둘째 주에는 두 개를, 그리고 마지막 주에는 네 개의 초를 모두 밝힌다.

대림환 전통이 어떻게 시작되었는지는 분명하지 않은데, 그와 유사한 무언가가 처음 나타난 때는 19세기다(긴 교회사를 감안할 때 상당히 최근이라 할 수 있겠다). 1833년에 고아원을 설립한 루터교 목사 요한 힌리히 비허른(Johann Hinrich Wichern)이라는 사람이, 아이들이 성탄절을 기대하게 하려고 대림환을 만들었다. 비허른이 만든 대림환은 상록수 가지로 덮인 나무 수레바퀴, 네 번의 일요일에 켜는 네 개의 하얀 초, 주중에 켜는 붉은 초들로 이루어졌다. 그의 아이디어는 독일의 교회들로 퍼져 나갔고, 대림 절기에 많은 교회가 네다섯 개의 초(한 주에 하나씩 켜는 초들과 성탄절에 켜는 그리스도의 초)로 만든 대림환을 제단에 놓았다. 1920년대에 이르러서는 이 관행이 독일 전역에 퍼졌다. 1930년대에는 이 전통이 미국으로 전해졌고, 곧이어 다양한 색의 초들이 더해졌다.[14]

전통적으로 대림절에 사용하는 가장 일반적인 전례색은 보라색이지만, 파란색을 사용하는 교회도 있다. 역사적·미학적·실질적 측면에서 몇 가지 이유가 있다.[15] 파란색을 사용하는 중요한 신학적 이유는, 그것이 전통적으로 마리아와 관련된 색이며 대림절을 보내는 우리에게 아들이 태어나기를 기다리는 그의 기다림을 상기시켜 주기 때문이다. 어떤 교회들은 사순절과 구분하기 위해 파란색을 쓰기도 한다.

그럼에도 대부분의 경우 대림환에 쓰이는 세 개의 초는 보라색이다. 그런데 대림절 셋째 주는 초의 색이 눈에 띄게 달라진다. 이 주에는 분홍색 초를 켠다. 단조로 흘러가던 대림절의 흐름에 미묘한 변화가 생기고, 음조가 미세하게 밝아진다. 보라색이 분홍색(기쁨을 나타내는 전례색)으로 대체되면서 분위기가 문자 그대로 장밋빛이 된다.

대림절의 셋째 주 일요일은 기쁨의 주일(Gaudete Sunday)이라 불린다. 기쁨을 뜻하는 '가우데테'(*Gaudete*)라는 명칭은 "주 안에서 늘 기뻐하라"(*Gaudete in Domino semper*)라는 성찬식 찬송의 첫 단어에서 따온 것이다. 세 번째 일요일에 낭독하는 모든 성경 본문은 기쁨으로의 부름을 담고 있다. 그리고 대림절의 마지막에 다다른 짧은 날들을 보내며, 상황이 심히 어두워 보이겠지만 희망이 사라진 것은 아님을 상기시킨다. 우리는 이 슬픈 세상에 홀로 버려지지 않았다. 우리의 왕은 정말로 오실 것이다. 한 아기가 오고 계신다.

기쁨의 주일을 보내는 경험(1년 중 가장 길고 어두운 밤 한가운데서 기쁨의 초를 밝히는)은 모든 그리스도인이 지녀야 할 자세다. 기쁨의 주일은 우리에게 새로운 숨결을 불어넣는다. 분홍색 초는 예수님의 탄생과 함께 우리의 신음이 끝나리라는 것을 그 색채를 통해 상기시킨다. 우리 모두의 기다림은 곧 결실을 맺을 것이다.

맺음말

×

카를 바르트(Karl Barth)는 이렇게 썼다. "대림이라는 시간 혹은 절기 외에 교회가 달리 어떤 시간을 보낼 수 있겠는가?"[1] 우리 그리스도인의 삶은 기다림을 훈련하는 긴 과정이다. 하나님이 우리를 만나고, 성장시키고, 구원해 주시기를 기다리는 것이다. 궁극적으로는 예수님이 모든 것을 바로잡아 주시기를 기다린다.

우리가 처한 문화적 조건은 기다림의 고통과 불확실성을 회피하게 만든다. 인내가 학습되는 습관이라면, 조급함 또한 마찬가지다. 만약 우리가 건강하고 재정 상태가 좋고 특권 계층에 속한다면, 삶에서 기다림을 제거하기 위해 철저한 노력을 기울일 것이다. 우리는 디지털 기술을 활용하여 정보를 찾고 물건을 사고 생각과 느낌을 나누고 하루 일정을 계획하며, 이 모든 것이 기록적인 시간 안에 이루어진다. 우리는 맹렬한 속도로 움직인다. 우리는 효율성과 생산성과 시간 엄수와 편리를 (숭배하지는 않는다 해도) 가치 있게 여긴다. 우리는 도무지 기다리지 못하는 문화 속에 살고 있다. 우리는 기다림을 통해 힘겹게 얻을 수 있는 교훈을 집단적으로 거부한다.

하지만 빠른 속력으로 얻어 낼 수 없는 것들이 있다. 우리가 넘어설 수 없는 한계들이 있다. 아이들은 언제나 우리에게 비효율을 가르쳐 주는 교사다. 우리 아이들은 꾸물대고, 걸음도 느리다. 아이들은 내 일정표와 할 일 목록에 도통 관심이 없다. 만약 인내를 훈련하고 싶다면, 두 살짜리 아이가 스스로 신발을 신도록 내버려두고 기다려 보라.

노인들 역시 우리가 얼마나 속도에 중독되어 있는지를 보여 준다. 나는 나이가 드셔서 걸음 속도가 느려진 어머니와 함께 걷기 위해 천천히 걷는 법을 배워야 한다. 어머니의 삶의 속도는 여러 면에서 나보다 훨씬 인간적이다.

임신은 대림절에 대한 또 하나의 적절한 은유다. 아기가 자궁에서 자라는 과정은 언제나 기다림을 요구한다. 임신한 여성은 매일 신비 안에서 살아가게 된다. 그는 기대와 내어 줌을 동시에 구현하는 존재다. 물론 그의 몸은 임신 과정에 능동적으로 반응한다. 하지만 임신을 해 본 여성들에게 물어본다면, 자신은 여러 면에서 그저 이 과정을 따라갔을 뿐이라고 말할 것이다. 우리보다 더 큰(모든 통제권을 갖는) 무언가가 있고, 우리는 그저 참여할 수 있을 뿐이다. 우리의 명명과 측정과 예상과 통제를 넘어서는 불가사의한 것이 있다.

내가 가장 인상 깊은 추억으로 간직하고 있는 대림 시기는, 10여 년 전 내가 서품을 받았던 성 니콜라스 축일이다. 그때 나는 임신 8개월 반을 지나고 있었다. 서품식을 거행하며 예배당 복도를 걷던 나의 걸음걸이에 품위나 엄숙함 같은 것은 있을 수 없었고, 그저 엄청나게 부른 배를 안고 뒤뚱뒤뚱 나아갈 뿐이었다. 함께 서품을 받던 다른 사람들이 십자가(와 주교) 앞에서 바닥에 엎드릴 때 나는 무릎을 꿇었다. 그 순간에도 내 안의 작은 인간은 발차기와 딸꾹질을 하고 공중제비를 넘고 있었다.

그러나 이는 대림절을 표현하는 적절한 장면이다.

내가 서품을 받기까지는 5년 이상이 걸렸는데, 그 과정에는 온갖 우여곡절과 회의와 불확실성이 산재해 있었으며 너무나 많은 기다림이 필요했다. 이제 그 소명의 여정에서 새로운 걸음을 내디뎌야 하는 순간이 왔다. 이 사랑스러운 아이를 품는 일은 무슨 일이 벌어질지 알지 못한 채 기다려야 하는 과정이었다. 마찬가지로 우리는 우리 기도의 대상이자 아기로 오신 분, 그리고 지금도 세상에서 일하고 계시는 분을 교회로서 함께 기다리고 있다. 우리는 모든 시대에 걸쳐 전 세계에 흩어져 있는 온 교회와 함께, 온갖 우여곡절 속에서 열망하고 소망하며 기다리고 있다. 뒤로는 참으로 긴 역사를, 앞으로는 크나큰 불확실성을 목도하면서 말이다.

우리는 전적으로 결과에만 집중하고, 최종 생산물과 해답과 결론만을 중시하려는 유혹에 빠지기 쉽다. 우리는 건너뛰고 싶어 한다. 기다림은 시간 낭비로 보인다. 그러나 회중이 "오소서, 성령이여"(*Veni Sancte Spiritus*)를 부르던 그 서품식에서 분명히 드러난 것은 과정이 중요하다는 사실이었다. 서품을 준비하는 긴 과정 안에서 나는 형성되고 있었고, 소명이 천천히 빚어지고 태어나고 있었다. 출산을 기다리는 그 긴 기다림 속에서 한 아이가 형성되고, 내 안에서 조용히 자라나고 있었다. 그렇다면 각 개인들이 하나의 교회로서 기다리던 그 시간 동안 하나님은 무엇을 길러 내고 계셨을까?

대림절은 소망의 훈련이다. 이 절기는 무언가가 가만

히 있다고 해서 쓸모없는 것은 아님을 알려 주기 때문이다. 잠자코 있는 듯 보이지만 죽은 것은 아니다. 기다림의 시간에도 의미나 목적, 계획은 사라지지 않는다. 하나님은 일하고 계시며, 때로는 도무지 감지할 수 없는 시간의 표면 아래 저 깊은 곳에서 일하신다. 기다림은 그분이 행하시는 구속의 일부다. 그것은 그분이 우리에게 주시는 선물의 일부다. 그분이 베푸시는 은혜의 일부다.

테야르 드 샤르댕(Teilhard De Chardin)은 "무엇보다, 느리게 이루어지는 하나님의 일을 신뢰하라"고 말한다. "우리는 너무도 당연히 모든 일에서 지체 없이 곧장 결말에 다다르려고 조급해한다. 우리는 중간 단계를 건너뛰기를 좋아한다. 알려지지 않은 어떤 새로운 것을 향해 나아가는 과정을 견디기 힘들어한다." 그는 이런 우리를 향해 다음과 같이 조언한다. "믿기지 않을지라도 주님의 손이 당신을 인도하고 있다는 믿음을 그분께 드리고, 결정된 것이 없고 불완전하다는 느낌이 주는 불안을 받아들이라."**2**

대림절에는 시간과 영원, 현존과 부재, 갈망과 성취의 숱한 긴장이 함께 존재한다. 장 칼뱅(John Calvin)이 성찬에 대해 말했듯이, 대림절 역시 이해되기보다 경험되는 것이다.**3** 대림절은 단순히 몇 가지 주제, 성경, 훈련, 기도의 모음이 아니라, 매일 신비에 잠기는 경험이고, 시간과 부딪치며 얻는 은혜의 교훈이다.

대림절은 결정된 것 없는 불완전한 상태가 주는 고통을 받아들이라고 요구한다. 하지만 대림절(그리고 그것이 나타내는 기다림)은 그 자체로 끝이 아니다. 이 절기의 온전한 의미는 다가올 축제를 준비하는 것이다. 성탄을 축하하고, 지금도 우리에게 놀라움을 주시는 하나님을 기뻐하고, 또 마침내 오실 왕 앞에서 모든 이가 무릎 꿇고 숨죽이며 경외를 표할 그날을 말이다.

언젠가는 이 모든 대림절이 끝날 것이다. 기다림이 끝날 것이다. 주님이 오실 것이다. 하지만 우리의 모든 기다림(우리의 분투와 슬픔, 회의와 두려움, 우리가 보낸 나날들)은 이야기의 필수적인 부분이 될 것이다. 그것은 한때 신음했던 창조 세계에서 터져 나오는 '할렐루야'의 일부가 될 것이다. 만물이 회복되는 과정의 일부, 태어나고 있는 것들의 일부가 될 것이다.

그때까지 우리는 삶의 매 순간을, 탄생을 통한 예수님의 첫 번째 도래와 최종적 도래 사이에서 살아간다. 그때까지 우리는 경계 공간, 사이의 시간에 거주한다.

아름다움과 고통, 빛나는 슬픔이 혼재하는 이 사이의 시간을 즐기는 동시에 견뎌 내다 보면, 다른 영성 훈련들과 마찬가지로 대림절 역시 하나의 도구가 된다. 대림절의 의

도는 소망 가운데 사는 법과 그 소망의 대상을 신뢰하고 사
랑하는 법을 가르치는 데 있다. 대림절은 그저 도구이지만,
그럼에도 숱한 세대에 걸쳐 수많은 사람들의 삶에 확실한
유익을 주었다. 대림절이 우리의 삶에도 유익을 주기를 바
란다.

여러분이 복된 대림절을 맞이하기를.

또한, 우리의 왕이 오심을 기억하라. 준비하라.

감사의 글

×

이 책이 나올 수 있도록 도움을 준 공동체에 감사를 전한다.

몇 해 전 나에게 전화를 걸어 이 시리즈를 제안하고 참여하게 해 준 이서 매컬리에게 감사한다. 이서와 그의 가족은 우리 가족에게 너무도 소중한 선물이 되었다. 그는 이 시리즈의 편집자일 뿐 아니라, 작가로 살아가는 내 삶에 없어서는 안 될 소중한 친구다. 그와 나눈 숱한 대화들은 더 나은 생각과 더 나은 글쓰기를 도왔을 뿐 아니라, 우리가 공유하는 소망을 더욱 굳게 붙잡을 수 있도록 해 주었다.

IVP 출판사의 활동과 문화와 그곳의 사람들에게 감사를 전한다. 지금까지 네 권의 책을 쓰며 그들과 함께할 수 있었던 것은 내게 큰 특권이었다. 이 책을 만들며 끈기와 지혜를 발휘해 준 나의 편집자 이선 매카시에게 특별한 감사를 표하고 싶다.

원고를 쓰는 동안 나를 북돋아 주고 필요한 공간을 마련해 준 '평신도의 집'(Laity Lodge)의 스티븐 퍼셀과 모든 리더 및 직원에게 감사드린다. 그들은 내게 너무나 소중한 선물이었다!

피츠버그의 승천 교회(Church of the Ascension) 사역자들과 교인들, 텍사스 오스틴의 부활 성공회 교회(Church of the Resurrection)와 십자가 교회(Church of the Cross)에 감사드린다.

앤디 크라우치에게도 깊은 감사를 전한다. 그는 내 남편 조너선의 도움을 받아 이 책의 아이디어를 처음 제안했고, 작업을 진행하는 내내 값진 조언과 지도를 아끼지 않았다. 그뿐 아니라 앤드리아 딜리, 니 애디, 마이클 웨어, 존 이나주는 지난 몇 년 동안 쉼 없는 지지와 격려와 조언으로 나와 동행해 주었다(또한 불평하고 분투하며 어떻게 살고 글을 써야 하는지 고민하는 나의 이야기를 들어 주었다). 친구이자 협업자인 그들이 없었다면 이 책을 완성할 수 없었을 것이다.

칼리 리글에게 감사를 전한다. 내 남편이 말하듯 그는

우리 삶이 어두운 심연으로 떨어지지 않도록 붙잡아 주는 사람이다. 그는 한결같은 믿음과 뛰어난 행정 능력, 믿음직한 쾌활함, 예리한 통찰로 내 삶과 일에 귀중한 도움을 주었다.

내가 이 책을 헌정한 우디 자일스에게도 감사드린다.

나는 남편 조너선의 도움을 받아 이 책을 썼다. 그는 놀랍도록 뛰어난 사람이지만, 더 중요하게는 지혜를 추구하고 은혜를 베푸는 사람이다. 이 책에 핵심적인 기여를 하면서 언제나 곁에 머물러 준 조너선, 정말 고마워요.

「뉴욕 타임스」(The New York Times), 「크리스채너티 투데이」(Christianity Today), 「더 웰」(The Well) 덕분에 나는 여러 해에 걸쳐 대림절이라는 주제에 대해 글을 쓰고 출판하고 연구할 수 있었다. 그렇게 쓴 글들이 내 생각을 형성하고 이 책으로 이어졌다.

「타임」(Times)의 편집자들, 특히 엘리너 바크혼, 브라이언 지텔, 피터 카티파노에게 감사를 전한다. 그들은 작가로서의 나를 전반적으로 더 지지해 주고 이 원고를 끝낼 시간도 마련해 주었다.

조너선과 나는 우리가 이 책을 집필하는 중에 비극적으로 세상을 떠난 토머스 매켄지 신부님과 그분의 첫째 자녀를 기리고자 한다. 내가 성인들을 위해 쓴 세 권의 책 모두에는 신부님의 말씀이 인용되어 있다. 이는 그분의 가르침이 우리의 영적 삶을 얼마나 깊이 형성했는지, 하나님과의 관계에 어떤 영향을 주고 소명의 삶에서 방향을 찾는 데 얼마나 도움이 되었는지를 보여 준다.

조녀선과 나는 우리의 가장 중요한 협력 활동의 산물인 세 아이에게도 감사를 전하고 싶다. 우리가 이 책을 쓰는 동안 인내하며 희생해야 했던 레인과 플래너리와 거스. 너희의 웃음과 질문과 친밀함과 포옹과 에너지와 삶은 우리에게 강렬한 기쁨의 원천이 된단다. 또한 너희는 우리가 대림절(그리고 성탄절!) 훈련을 가장 함께 하고 싶은 사람들이야. 너희가 왕이신 예수님을 알고, 그분의 다시 오심을 늘 준비하고, 언제나 소망을 붙잡기를 바란다.

그리고 모든 소망의 원천이 되는, 말씀이신 그분께 영광이 있기를. 우리의 작은 말들에 있는 어떤 선한 것이든 모두 그 말씀에서 흘러나오며, 우리의 말들은 모두 그 말씀을 통해 구속될 것이다.

1. 바라다

1. Fleming Rutledge, *Advent: The Once and Future Coming of Jesus Christ* (Grand Rapids, MI: Eerdmans, 2018), p. 5.

2. Anglican Church in North America, The Book of Common Prayer (Huntington Beach, CA: Anglican Liturgy Press, 2019), p. 132. 이 책에서 『성공회 기도서』를 언급하는 부분은 모두 북미 성공회에서 사용하는 2019년 개정판을 참고했다.

3. Malcolm Guite, *Waiting on the Word: A Poem a Day for Advent, Christmas and Epiphany* (Norwich, UK: Canterbury Press, 2015), p. 67.

4. 전례력을 이렇게 몰입형 연극에 비유하는 일은 매우 흔하다. 나는 이 비유를 고(故) 토머스 매켄지 신부님께 처음 들었고, 이후 2017년 허치무트(Hutchmoot)에서 줄리 캔리스(Julie Canlis)의 강의를

통해 그 아이디어를 다시 접했다. 알리사 윌킨슨(Alissa Wilkinson)은 자신의 글 "Advent, Explained", *Vox*, November 25, 2019, www.vox.com/culture/21805198/advent-explained-wreath-calendar-season-nazi-christmas-catholic에서 그 생각을 발전시켰다. 타라 이사벨라 버튼(Tara Isabella Burton) 또한 *Strange Rites: New Religions for a Godless World* (New York: Public Affairs, 2020)에서 몰입형 연극을 상세히 탐구했다.

5. Guite, *Waiting on the Word*, p. 67.

6. Tish Harrison Warren, "Having a Hard Christmas? Jesus Did Too", *New York Times*, December 25, 2022, www.nytimes.com/2022/12/25/opinion/hard-christmas-jesus.html을 보라.

7. Michael Horton, *People and Place: A Covenant Ecclesiology* (Louisville, KY: Westminster John Knox, 2008), p. 29. 『언약과 교회론』(기독교문서선교회).

8. Rich Mullins, "Calling Out Your Name", *Songs*, Reunion, 1996.

9. Book of Common Prayer, p. 133.

10. N. T. Wright, "Reading Paul, Thinking Scripture", in *Scripture's Doctrine and Theology's Bible*, eds. Alan Torrance and Markus Bockmuehl (Grand Rapids, MI: Baker, 2008), p. 62.

11. Rutledge, *Advent*, p. 5.

12. 많은 초기 교부들이 '역사적 전천년설'을 가르쳤지만, 세대주의적 전천년설의 '휴거' 사상은 19세기에 창안된 것이다. Charles Hill, *Regnum Caelorum: Patterns of Millennial Thought in Early Christianity* (Grand Rapids, MI: Eerdmans, 2001)를 보라. 역사적 전천년설과 세대주의적 전천년설에 대해서는 George Marsden, *Fundamentalism and American Culture* (New York: Oxford University Press, 1982), pp. 51-55를 보라.

13. Steve Garber, *Visions of Vocation: Common Grace for the Common Good* (Downers Grove, IL: InterVarsity Press, 2014), p. 203.

14. Charles Riepe, *Advent: A Sourcebook*, ed. Thomas J. O'Gorman (Chicago: Liturgy Training Publications, 1988), p. 12에 인용.

2. 갈망하다

1. Adam English, *Christmas: Theological Anticipations* (Eugene, OR: Cascade, 2016), pp. 71-73.

2. Herbert Thurston, "Lent", Catholic Encyclopedia, New Advent, 1910, www.newadvent.org/cathen/09152a.htm.

3. James MacKinnon, *The Advent Project* (Berkeley: University of California Press, 2000), p. 35.

4. MacKinnon, *Advent Project*, pp. 150-152.

5. Bobby Gross, *Living the Christian Year* (Downers Grove, IL: Inter-Varsity Press, 2012), p. 37.

6. N. T. Wright, "Communion and Koinonia", *Pauline Perspectives: Essays on Paul 1978-2013* (Minneapolis, MN: Fortress, 2013), p. 269에 인용.

7. St. Nikolai of Ochrid and Zica, *Prayers by the Lake*, trans. Rt. Rev. Archimandrite Todor Mika and Very Rev. Dr. Stevan Scott (Munster, IN: Ancient Faith Publishing, 2018), pp. xxxiii, 57.

8. 이 주제에 대해 더 알고 싶다면, Tish Harrison Warren, *Prayer in the Night* (Downers Grove, IL: InterVarsity Press, 2021)를 보라. 『밤에 드리는 기도』(IVP).

9. David Foster Wallace, *Infinite Jest* (New York: Little, Brown, 2009), p. 389.

10. Maximus of Turin, *The Sermons of Maximus of Turin*, trans. Boniface Ramsey (New York: Newman Press, 1989), pp. 144-145.

11. John Breck, "Bright Sadness", Orthodox Church in America, May 1,

2005, www.oca.org/reflections/fr.-john-breck/bright-sadness.

12. Remi Hoeckman, "The Ecological Degradation: A Challenge to Religious", *Angelicum* 67, no. 1 (1990): p. 68.

13. John Climacus, *The Ladder of Divine Ascent*, trans. Colm Luibheld and Norman Russell (Mahwah, NJ: Paulist Press, 1982), p. 121. 『거룩한 등정의 사다리』(은성).

14. 예를 들어, 창세기 8:17; 15:4-5; 35:11; 출애굽기 1:7; 사무엘상 1장; 이사야 54장; 56장; 예레미야 3:16; 23:3; 에스겔 36:11; 누가복음 1:5-38을 보라.

15. 새로운 생명의 '자궁'으로서의 세례는 초기 교회에서 이 의식을 이해하기 위해 사용한 가장 일반적인 이미지였다. Brian Spinks, *Early and Medieval Rituals and Theologies of Baptism* (New York: Routledge, 2006), and Tish Harrison Warren, "The Church Made Vagina Sculptures Long before Nadia Bolz-Weber", *Christianity Today*, February 26, 2019, www.christianitytoday.com/ct/2019/february-web-only/nadia-bolz-weber-church-made-vagina-sculptures.html을 보라.

3. 소리치다

1. Robert Webber, *Ancient-Future Worship* (Grand Rapids, MI: Baker, 2008), pp. 29-40. 『예배의 고대와 미래』(워십리더).

2. Alasdair MacIntyre, *After Virtue*, 2nd ed. (South Bend, IN: University of Notre Dame Press, 1984), p. 216. 『덕의 상실』(문예출판사).

3. James K. A. Smith, *Imagining the Kingdom* (Grand Rapids, MI: Baker, 2013), p. 135. 『하나님 나라를 상상하라』(IVP).

4. T. F. Torrance, "Salvation Is of the Jews", *Evangelical Quarterly* 22 (1950), p. 166.

5. John F. A. Sawyer, *The Fifth Gospel: Isaiah in the History of Christianity* (Cambridge, UK: Cambridge University Press, 1996), p. 30. 『제5복음서 이사야서』(CH북스).

6. Ben Witherington III, *Isaiah Old and New: Exegesis, Intertextuality, and Hermeneutics* (Minneapolis: Fortress, 2017), p. 13.

7. Sawyer, *Fifth Gospel*, p. 1에 인용.

8. 바이블 프로젝트의 성서학자 팀 매키(Tim Mackie)는 다음과 같은 유익한 말을 했다. "성경은 예수님께로 이어지는 하나의 통일된 이야기다." "Our Mission", Bible Project, copyright 2022, https://bibleproject.com/about.

9. 크레이그 바르톨로뮤(Craig Bartholomew)는 이사야 35장이 말하는 사막의 대로가 그 시대에 존재했던 이집트에서 앗시리아로 이어지는 길이라고 언급한다. "실제로 이스라엘은 수 세기 동안 그 길 위에 위태롭게 놓여 있었다. 그러나 이제 그 길은 대로가 마땅히 그래야 하듯, 권력 다툼의 목표물이 되기보다 야웨 앞에서 창조 세계의 놀라운 다양성을 축하하는 수단으로 기능할 것이다. 장소와 민족은 파괴되지 않고, 야웨가 의도한 모습을 되찾을 것이다." Craig Bartholomew, *Where Mortals Dwell* (Grand Rapids, MI: Baker, 2011), p. 85.

10. Lauren Winner, *The Dangers of Christian Practice* (New Haven, CT: Yale University Press, 2018), p. 37.

11. Richard Bauckham, *The Bible and Ecology* (Waco, TX: Baylor University Press, 2010), p. 123.

12. John Wesley, "The Sermons of John Wesley—Sermon 60: The General Deliverance", Wesley Center Online, http://wesley.nnu.edu/john-wesley/the-sermons-of-john-wesley-1872-edition/sermon-60-the-general-deliverance, accessed December 24, 2022.

13. Stephen Tompkins, *William Wilberforce: A Biography* (Grand Rapids, MI: Eerdmans, 2007), p. 207.

14. '아로샤'의 중요한 사역에 대해 더 알고 싶다면 다음을 보라. https://arocha.us. 또한 Tish Harrison Warren, "Why I'm Giving to This Environmental Group", *New York Times*, December 18, 2022. https://messaging-custom-newsletters.nytimes.com/template/oakv2?campaign_id=230&emc=edit_thw_20221218&instance_id=80452&nl=tish-harrison-warren&productCode=THW&regi_id=94358299&segment_id=120218&te=1&uri=nyt%3A%2F%2F-newsletter%2F47835ece-d8a5-5400-9473-76584c9ffbc0&user_id=88baccb6cef9480c4dfb78c723d86c7c도 보라.

15. Rutledge, *Advent*, p.11.

16. Rutledge, *Advent*, p.243.

17. 이 소름 끼치는 순간을 충격적일 만큼 생생하게 표현한 작품으로는, Lucas Cranach the Elder, "Plate with the Head of St. John the Baptist(Fragment)", Cranach Digital Archive, lucascranach.org/PRIVATE_NONE-P166, accessed December 21, 2022가 있다.

18. Rutledge, *Advent*, p.42.

19. Aleksandr Solzhenitsyn, *The Gulag Archipelago*, vol. 2 (New York: Harper & Row, 1975), pp.615-616. 『수용소군도』(열린책들).

4. 불러일으키다

1. 나는 "기도의 법이 신앙의 법이다"라는 좀 더 일반적인 번역을 사용했는데, 이것이 훨씬 간명하게 읽히기 때문이다. 하지만 에이든 캐버너는 (일반적인 번역은 그리 설득력을 갖지 못하기 때문에) "기도의 법이 신앙의 법을 확립한다"라고 좀 더 정확하게 번역해야 한다고 지적한다.

2. Aidan Kavanaugh, *On Liturgical Theology* (Collegeville, MN: Liturgical Press, 1984), p.40.

3. J. Neil Alexander, "The Shape of the Classical Prayer Book", in *The Oxford Guide to the Book of Common Prayer: A Worldwide Survey* (Oxford, UK: Oxford University Press, 2006), p. 71.

4. 예를 들어, John Fenwick and Bryan Spinks, *Worship in Transition: The Liturgical Movement in the 20th Century* (New York: Continuum, 1995)를 보라.

5. Leonel Mitchell, "Sanctifying Time: The Calendar", in *Oxford Guide to the Book of Common Prayer*, p. 479.

6. Augustine, *Confessions*, trans. Henry Chadwick (Oxford, UK: Oxford University Press, 2008), p. 202. 『고백록』.

7. 대림절의 본기도들은 Book of Common Prayer, pp. 598–599에서 확인할 수 있다.

8. Oliver O'Donovan, *Self, World, and Time* (Grand Rapids, MI: Eerdmans, 2013), p. 9.

9. O'Donovan, *Self, World, and Time*, p. 16.

10. Cyril of Jerusalem, *The Catechetical Lectures of S. Cyril, Archbishop of Jerusalem*, 4th ed. (Eugene, OR: Wipf & Stock, 2021), pp. 183–184.

11. George Lawless, "*Desiderium Sinus Cordis Est*: Biblical Resonances in Augustine's *Tractatus in Evangelium Iohannis* 40 §10", *Augustiniana* 48, no. 3/4 (1998): pp. 305–329.

12. James K. A. Smith, *How (Not) to Be Secular: Reading Charles Taylor* (Grand Rapids, MI: Eerdmans, 2014).

13. Ben Witherington III, *Conflict and Community in Corinth: Socio-Rhetorical Commentary on 1 and 2 Corinthians* (Grand Rapids, MI: Eerdmans, 1995), p. 260.

14. Paul Stanwood, "The Prayer Book as Literature", in *Oxford Guide to the Book of Common Prayer*, p. 145.

15. Stanley Hauerwas, "Don't Lie", *No Small Endeavor* (blog), July 2017, www.nosmallendeavor.com/blog/hauerwas-do-not-lie.

16. William Willimon, "Don't. Lie." *Peculiar Prophet* (blog), November 2, 2017, https://willwillimon.com/2017/11/02/dont-lie.

17. Jaroslav Pelikan, *Mary Through the Centuries* (New Haven, CT: Yale University Press, 1998), pp. 19-20, 157-161.

18. Gerard Manley Hopkins, "The Blessed Virgin Compared to the Air We Breathe", Gerard Manley Hopkins website, updated February 20, 2019, https://hopkinspoetry.com/poem/the-blessed-virgin.

19. Esau McCaulley, "How the Coming of the Son Brings Hope to the Fatherless", *Christianity Today*, December 7, 2017, www.christianitytoday.com/ct/2017/december-web-only/how-coming-of-son-brings-hope-to-fatherless.html을 보라.

20. Deirdre Joy Good, *Mariam, the Magdalen, and the Mother* (Bloomington: Indiana University Press, 2005), p. 64.

21. 정교회 신학은 성인(聖人)들을 통해 그리스도의 빛이 비침으로써 하나님이 그들을 통해 가시적으로 드러나시는 과정을 설명하기 위해 이런 표현을 쓴다. 이는 성화(聖畵)가 가시적으로 나타내는 효과다. 예를 들어, 성화 작가 솔룬 네스(Solrunn Nes)는 이렇게 말한다. "성화에 그려진 거룩한 인물들은 내면에서부터 밝게 빛나 반투명한 존재가 되는데, 그 빛이 하나님으로부터 나오기 때문이다." Solrunn Nes, *The Mystical Language of Icons* (Grand Rapids, MI: Eerdmans, 2009), p. 24.

22. 이것은 세상, 육체, 악마라는 '불경한 삼위일체'를 지칭하는 마르틴 루터(Martin Luther)의 표현이다. Robert Jenson and Carl Braaten, eds., *Sin, Death, and the Devil* (Grand Rapids, MI: Eerdmans, 1999)을 보라.

23. 이것은 앤서니 후크마(Anthony Hoekema)가 전통적인 '전적 타락'(total depravity) 교리를 설명할 때 선호하는 표현이다. 왜냐하면 이 교리는 분명 완전한 부패가 아니라, 인간의 모든 능력에 퍼져 있는 부패를 말하고 있기 때문이다. Anthony Hoekema, *Created in*

God's Image (Grand Rapids, MI: Eerdmans, 1994), pp. 150-152. 『개혁주의 인간론』(부흥과개혁사).

5. 가까이하다

1. 온 나라가 '성탄절 음악은 언제부터 들을 수 있는가?' 하는 논의에만 집중하다 보면, 교회에 전통적인 대림절 찬송이 있다는 사실이 자칫 잊히기 쉽다. 우선 최고 인기곡 "곧 오소서 임마누엘"(새찬송가 104장)을 꼽을 수 있겠지만, 그 외에도 "오랫동안 기다리던"(Come, Thou Long Expected Jesus, 새찬송가 105장), "주님 앞에 떨며 서서"(Let All Mortal Flesh Keep Silence, 새찬송가 99장), "만국의 구주여, 오소서"(Savior of the Nations, Come), "내 백성을 위로하라"(Comfort, Comfort Ye My People) 등을 포함한 많은 곡이 있다. 구약 예언에 깊이 뿌리내리고 성경을 폭넓게 인용하는 헨델의 "메시아"(Messiah)를 듣는 것도 대림절 이야기를 묵상하는 아름다운 방식이 될 수 있다. 어느 해에 나는 "메시아"를 네 부분으로 나누어 대림절의 매 주일에 한 부분씩 들었다. 대림절 기간에 성탄절 음악을 듣든지 안 듣든지 간에, 대림절 찬송은 우리를 이 절기 안으로 인도해 주는 좋은 매체다.

2. Jared Patrick Boyd, *Invitations & Commitments: A Rule of Life* (self-published, 2014).

3. Eugene Peterson, *Working the Angles: The Shape of Pastoral Integrity* (Grand Rapids, MI: Eerdmans, 1987), p. 16. 『균형 있는 목회자』(좋은씨앗).

4. 이 매력적인 전통은 Gabriel Bunge, *Earthen Vessels: The Practice of Personal Prayer According to the Patristic Tradition* (San Francisco: Ignatius, 2010), pp. 60-66에서 논의되고 있다.

5. 정시 기도의 발전 과정에 대해서는, Robert Taft, *The Liturgy of the*

Hours in East and West (Collegeville, MN: Liturgical Press, 1993)를 보라.

6. 러시아 수사이자 영성 지도자인 이그나티 브랸차니노프(Ignatius Brianchaninov)는, 예를 들어 몸을 숙이고 바닥에 엎드리는 자세를 많이 포함하는 기도 훈련을 권한다. Ignatius Brianchaninov, "The Arena: Guidelines for Spiritual and Monastic Life", in *Complete Works of St. Ignatius Brianchaninov*, trans. Nicholas Kotar (Jordanville, NY: Holy Trinity Publications, 2016)를 보라.

7. 더 많은 논의를 알고 싶다면, Tish Harrison Warren, *Prayer in the Night* (Downers Grove, IL: InterVarsity Press, 2021)를 보라.

8. 오리게네스는 *Against Celsus*에서 이렇게 쓴다. "전쟁을 일으키고 맹세를 깨고 평화를 교란하는 모든 악마를 기도로써 물리치는 우리가, 그 전투를 수행하고 있는 듯 보이는 이들보다 황제에게 더 도움이 된다." Origen, *Against Celsus* 8.73-75, in *Documents in Early Christian Thought*, ed. Mark Santer and Maurice Wiles (Cambridge, UK: Cambridge University Press, 1975), p. 229. 참고.『켈수스 반박』(분도출판사).

9. Leo the Great, *Sermons*, trans. Jane Patricia Freeland and Agnes Josephine Conway, *The Fathers of the Church*, vol. 93 (Washington, DC: Catholic University of America Press, 1996), p. 54.

10. Bunge, *Earthen Vessels*, p. 92.

11. Order of the Holy Cross, *St. Augustine's Prayer Book* (Cincinnati, OH: Forward Movement, 2014), pp. 3-4.

12. Richard Foster, *The Celebration of Discipline* (New York: Harper Collins, 1988), p. 15.

13. William D. Crump, *The Christmas Encyclopedia*, 3rd ed. (Jefferson, NC: McFarland & Co., 2013), p. 5.

14. Crump, *Christmas Encyclopedia*, p. 6.

15. 일부 성공회 교회는 잉글랜드 솔즈베리 교구의 오랜 전통을 따라 대림절에 파란색을 사용한다. 솔즈베리의 라틴어 명칭이 '사룸'(*Sa-*

rum)이기에 때로 이 전례색을 '사룸 블루'(Sarum blue)라 부르기도 한다. 학자 버넌 스테일리(Vernon Staley)는 파란색이 잉글랜드의 배스-웰스 교구에서도 사용되었다고 지적한다. Vernon Staley, *The Liturgical Year* (London: Mowbray, 1907), p.237.

맺음말

1. Karl Barth, *Church Dogmatics*. Fleming Rutledge, *Advent: The Once and Future Coming of Jesus Christ* (Grand Rapids, MI: Eerdmans, 2018), p.57에 인용.
2. Teilhard de Chardin, *The Making of a Mind: Letters from a Soldier-Priest, 1914-1919* (New York: Harper & Row, 1961), pp.57-58.
3. John Calvin, *Institutes of the Christian Religion*, ed. John McNeill (Louisville: Westminster John Knox, 1960), 4.17.32. 참고. 『기독교 강요』(CH북스).

옮긴이 정효진은 부산대학교에서 영문학을 공부하고 IVP에서 편집자로 일했다. 옮긴 책으로는 『나를 위한 처방, 너그러움』『하나님의 선교, 세상을 바꾸다』(이상 IVP), 『일과 소명』(아바서원), 『이야기는 힘이 세다』(성서유니온선교회), 『신성한 제인 에어 북클럽』(옐로브릭) 등이 있다.

대림절, 소망하며 기다리다

초판 발행 2025년 11월 7일

지은이 티시 해리슨 워런
옮긴이 정효진
펴낸이 정모세

편집 이성민 이혜영 심혜인 설요한 박예찬
디자인 한현아 서린나 | 마케팅 오인표 | 영업·제작 정성운 이은주 조수영
경영지원 이혜선 이은희 | 물류 박세율 정용탁 김대훈

펴낸곳 한국기독학생회출판부 | 등록번호 제2001-000198호(1978.6.1)
주소 04031 서울시 마포구 동교로 156-10
대표 전화 (02) 337-2257 | 팩스 (02) 337-2258
영업 전화 (02) 338-2282 | 팩스 080-915-1515
홈페이지 http://www.ivp.co.kr | 이메일 ivp@ivp.co.kr
ISBN 978-89-328-2383-6
ISBN 978-89-328-2386-7 (세트)